デジタルサイネージの現在と未来

Digital Signage

1

渋谷駅前の交差点を囲むように並ぶ4面の大型ビジョン。音声も流し、1日平均250万人を超す同駅(JR、各私鉄)の乗降客にアピールする。コンテンツは、商品CM、ニュース、ミュージックビデオなど。ときおり、2～3面がシンクロして同じコンテンツを上映し、道行く人が足を止めて見入る

JN270600

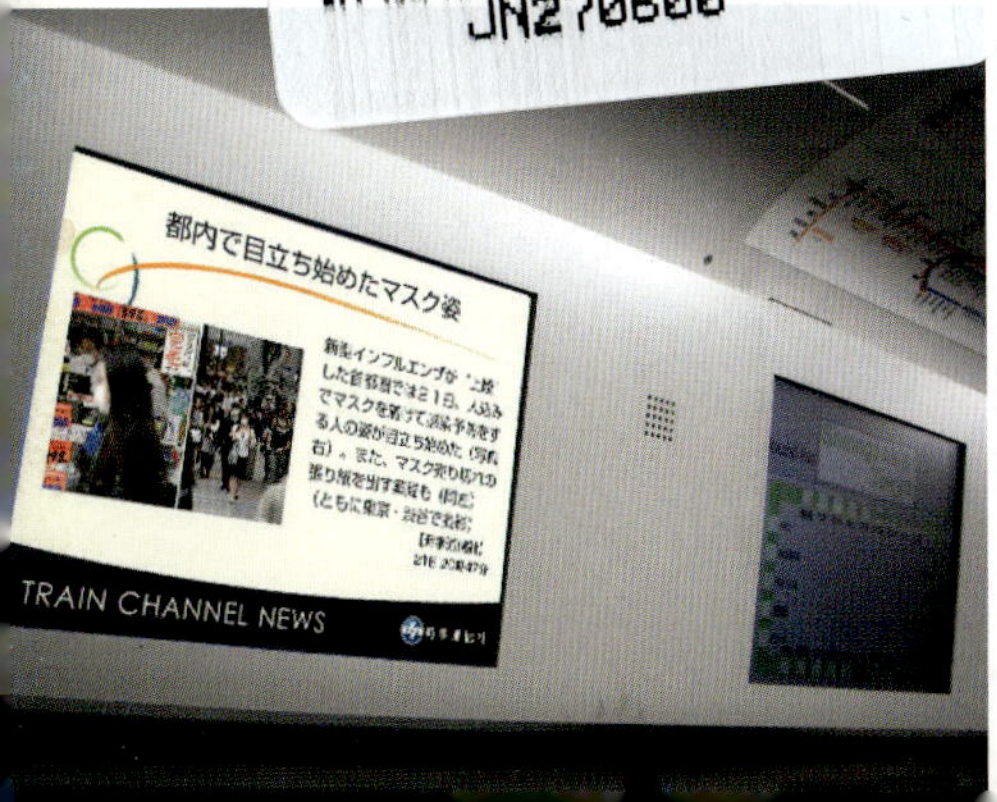

JR東日本の「トレインチャンネル」。同社は、車両メディアとしてのデジタルサイネージをいち早く定着させた(関連記事P.100)

2008年7月から運用を開始した、JR駅構内のサイネージ「デジタルポスター」（関連記事P.101）

JR東日本・秋葉原駅の電気街口に設置されたデジタルポスター（関連記事P.101）

内田洋行が開発した目的地案内システム「Cochira」。指のような動きをする指示器で目的地の方向を指差し案内する（関連記事P.173）

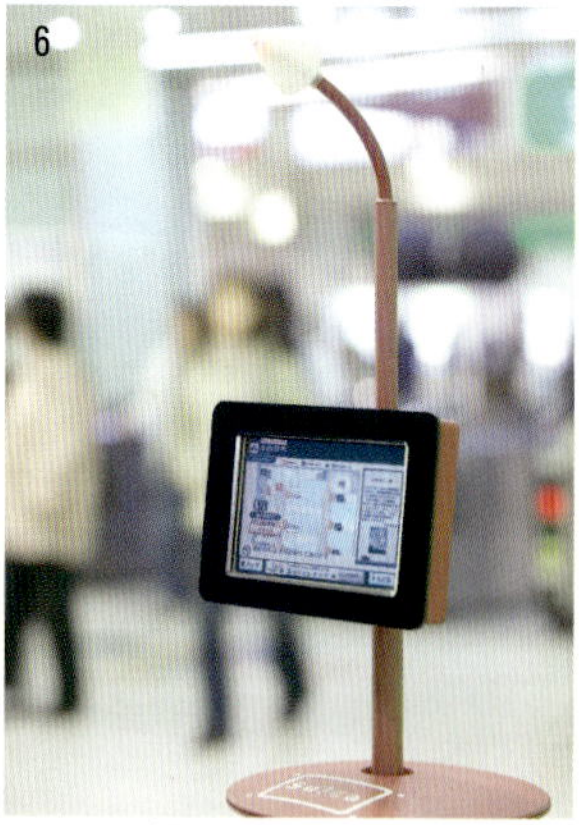

Cochiraを利用する場合、目的地を画面で選択し、Suicaをタッチする。目的地登録されたSuicaによって、道に迷った際にも継続的な案内を実現する

ユニクロの「UT STORE HARAJYUKU.」店の店頭と陳列棚。商品名や値段をLEDで表示する（関連記事P.24）

内田洋行とJR東日本研究開発センターフロンティアサービス研究所が共同で開発した「ITかかし」（関連記事P.170）

大日本印刷が開発した6連12ディスプレイの「トールビジョン」。連貼りポスターの置き換えになる製品（関連記事P.76）

ソニー・エクスプローラサイエンスに展示されているインタラクティブなコンテンツ（11、12いずれもソニー・エクスプローラサイエンス／関連記事P.52）

13

銀座・資生堂本社ビル内にある「ハウスオブ シセイドウ」では、同社の商品や文化事業の記録、資料などを知ることができる「アーカイブテーブル」を展示している。引き出しやプロジェクター、液晶ディスプレイ、センサーなどを使ったインタラクティブな仕組みは、未来のデジタルサイネージを考えるうえでのヒントとなる（関連記事P.51）

14

引き出しを開けて雑誌を取り出すと、同書に関する映像や文章をプロジェクターでテーブル上に投影する。無線タグ技術を使用

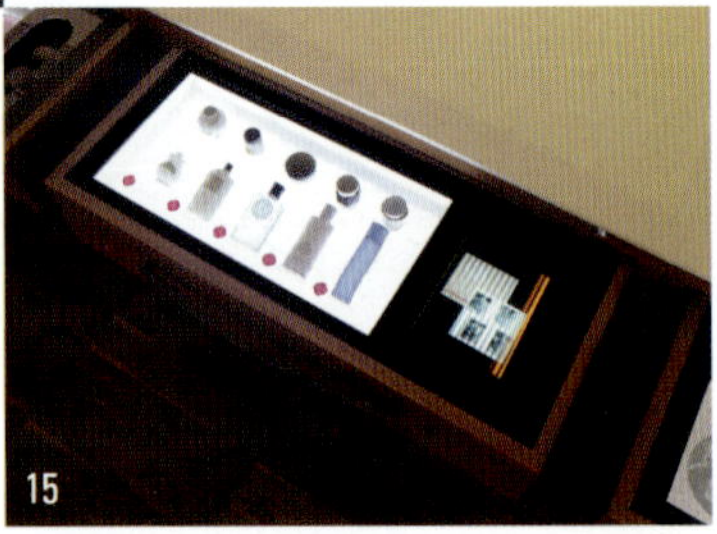

15

引き出し上部のガラス面にある赤いボタンに触れると、商品の情報を液晶ディスプレイで表示する

日本を動かす次世代メディア

デジタルサイネージ戦略

電子看板最前線

中村伊知哉
石戸奈々子

ASCII

目次 CONTENTS

第2章　ビジネスとサービスの展望

第3章　コンテンツとマーケティングの広がり

第4章 日本型デジタルサイネージの可能性

本文中に記載されている会社名、製品名、サービス名称などは、各開発元・発売元・提供元の登録商標または商標です。

なお本文中には、特にＴＭマークや®マーク、©マークなどは記載していません。

Digital Signage

序章

デジタルサイネージとは

デジタルサイネージの定義

街は映像であふれている。近年、その内容にある変化が起きているのをご存知だろうか——。

最高気温を記録した夏の日の午後、居酒屋の入り口にある液晶ディスプレイが、「本日生ビール1杯目100円！」の文字とビールの画像に切り替わった。スーパーの食品売場では、棚にとりつけられた小さな液晶端末が、昨夜のテレビ番組で有名タレントが絶賛したヨーグルトのテレビCMを繰り返す。エレベーターの扉の上に埋め込まれたディスプレイでは、ビルに入居しているフランス料理店のシェフが昼は本日のランチを、夜はディナーのオススメを紹介する映像に変わる。ＪＲ東日本の山手線車内にある液晶ディスプレイ「トレインチャンネル」は、次の停車駅までの所要時間や事故による遅延といった運行情報のほか、天気予報やニュースなどを随時流している。さらに、女性専用車両と一般車両とで別のコンテンツを配信する仕組みがあり、女性車両ではファッション関連のニュースや習いごとの情報などを中心としたコンテンツを配信した。

日本は急速にデジタル映像空間となりつつある。街のあちこちで、さまざまな映像が目につくようになった。おもてを歩くたび、あそこにも、ここにも、新しいディスプレイが増えていることに気がつく。近ごろ、それらの運用方法に大きな変化が表れている。従来のように、決められたコンテンツを単純に反復して流し続けるのではなく、天候や時刻、その場所の状況や通行する人々の傾向に応じた映像を提供するようになったのだ。

こうした新しい映像メディアが「デジタルサイネージ」(Digital Signage)と呼ばれる、いわばネットワーク化された電子看板だ。ネットワークにつながることにより即時性を備え、状況に応じて内容が変化する看板(サイン)。2007年に発足した業界団体「デジタルサイネージコンソーシアム」では「屋外・店頭・公共空間・交通機関など、あらゆる場所でネットワークに接続したディスプレイなどの電子的な表示機器を使い、情報を発信するシステム」と定義している。ほかにも、アウトオブホーム、電子ポスター、デジタルポップなど、さまざまな呼び方がある。デジタルサイネージコンソーシアムが発足したことも手伝って、2008年にはほぼこの呼称に定着し、新聞や雑誌でもこのワードを見かけることが増えてきた(本書では略して「サイネージ」とも表記する)。

デジタルサイネージは、急成長の産業として熱い注目を集めている。現在、広告・マーケティング、家電、通信などの各業界がこのメディアを新しく有望なジャンルとしてとらえ、参入を始めており、2008年に650億円とされた市場が、2015年には1兆円市場に成長すると見込まれている。

テレビや新聞とは異なる、時間と場所を特定したメディア。インターネットやケータイとも異なる、街や店舗で接するメディア。新しい広告メディアとして、新しいマーケティング手法として、新しいデジタル産業として、そして新しい文化として期待されているのだ。デジタルサイネージは、テレビ、パソコン、ケータイに次ぐ、第4のデジタルメディアと言える。テレビの登場から55年、ネットやケータイの爆発的普及から15年。新しい情報ツールの登場だ。テレビが100万人に向けて一斉に情報を届けるマス・メディア、パソコンやケータイが1対1のコミュニケーション・ツールとすると、デジタルサイネージは、その場所を行き交う10人に情報を知らせるメディアだ。

広告媒体として普及しつつあるデジタルサイネージは、店頭などに置かれたディスプレイやプロジェクターを使い、ポスターやチラシに代わって商品の案内や宣伝を行うのが一般的だ。デジタル画面をネットワークでつなぐことにより、ポスターや看板よりもダイナミックで、テレビよりキメ細かい情報の伝達が可能になる。

広告媒体として注目される理由は4つある。

①動画や音楽が使える。
②場所と時間を特定できる。
③ディスプレイ端末ごとにコンテンツを制御できる。

④長期的にみて広告コストの削減につながる。

④のコスト面については、液晶ディスプレイや通信システムがまだ高額とはいえ、薄型ディスプレイの価格は急速に下がってきている。ブロードバンドの通信コストも低料金化の傾向が続き、無線システムも使いやすくなった。ターゲットを絞ったマーケティングを行い、場所ごとにコンテンツをコントロールできるという利点は、ポスターや看板を張り替えていく人件費に換算すれば、コスト的に見合うところまできている。安価で使いやすいコンテンツや配信管理ソフトの開発、モニターなどの設備を貸し出すサービスも登場しており、費用対効果に厳しい中小企業においてもデジタルサイネージの利用が広がりを見せ始めた。

では、さらにデジタルサイネージとポスターを比較してみよう。

①写真や文字だけでなく、動画や音声でアピールができる。情報量が格段に多くなる。
②朝なら朝向き、夜なら夜向きの情報をピンポイントに送れる。
③人手を介さなくても、端末ごとに内容を変えたり組み合わせたりすることができる。

例えば、ある商店街で同じ飲料メーカーが、朝は通勤者向けに缶コーヒー、午後は主婦向けに健康飲料、晩は帰宅者に向けてビールのＣＭを流す。デジタルサイネージでは、こうした場所と時間を特定したターゲット・マーケティングが可能なのだ。

　また、デジタルフォトフレームのような安価で簡便なサイネージが商店などで使われていくことが有望視されている。案外、大型画面の本格的なものよりも、小さくて安くて簡便なお手軽サイネージのほうが急速に利用が広がっていくかもしれない。

　いつでも、どこでも、だれとでも。情報社会の発展像を描く「ユビキタス」という言葉がある。時間、場所、相手を問わずコミュニケーションできるという意味だ。元は、神々が遍在する、という意味のラテン語で、コンピューターが至るところにあるというイメージで使われているのだが、一神教の欧米より、やおよろずの神々が棲むニッポンのほうがしっくりくる概念だ。屋内・屋外を問わずあちこちで、大衆向けのテレビと個人だけのケータイの間に立って情報をつなぐサイネージは、まさにこの「ユビキタス」社会を実現する手段のひとつだ。ただし、サイネージは「いまだけ、ここだけ、あなただけ」に伝えるメディア。明確な目的と効果を伴って初めて、情報を送り届ける手段になり得るのだ。「ユビキタス」には、リアルな現実空間と、バーチャルなオンライン世界とを結ぶ、という意味もある。現実は現実、パソコンの中はパソコンの中、と分断されていた情報を、サイネージがビルの中や屋外の空間にネットワーク化して張り合わせていく。現実空間のあそこでもここでもバーチャルな情報が見え、リアルとバーチャルとを結合する窓口となっている。

「デジタルサイネージ」の概念は広く、電子看板に代表される「屋外の大型画面による広告」にとどまるものではない。屋内でも、小型の表示システムでも、広告以外のコンテンツなどを、さまざまな場所において各種の表示装置を使い、情報をデジタルで流す、そうしたトータルな環境を指す概念なのだ。

また、デジタルサイネージは、企業が広告媒体として使うだけではない。電車のサイネージが表示する運行情報は広告ではなく乗客向けのサービスとなる。銀行のサイネージが伝える金利情報も金融業本来の情報サービス。映画館のチケット売り場で混み具合や上映時刻を示す画面も映画のＣＭではなく、来場者への情報サービスだ。病院や役所もサイネージを活用している。最近、大きい病院では受付から診察室への誘導、診療費の支払いや投薬の情報まで、院内の画面に表示する。これらも立派なデジタルサイネージである。地方自治体には、街頭にサイネージを置いて防災情報を流したり、駅前のビジョンで行政情報を伝えたりして、紙メディアによる市政便りを補完しているところもある。

日本ならではの成長モデルもあるだろう。自動販売機や携帯電話とのドッキング、パチンコやゲーム、アニメキャラとの連携といった日本型デジタルサイネージのモデルを構築して、海外市場を開拓することも可能ではないだろうか。

このように、デジタルサイネージの可能性は広がる。街を情報空間に変え、学校や病院をメディア産業化し、人の行動様式やライフスタイルにも影響を与えるほどの社会的インパクトや経済的な広がりを持つのだ。

企業はこの新しいメディアを、どのようにビジネスに生かしていけばいいのだろうか。社会はこの新しいメディアを、どのように役立てていけばよいのだろうか。

本書では、実例やインタビューを交えながら、それを探っていく。

Digital Signage

第1章

デジタルサイネージというメディア

ここにもあそこにもサイネージ

電車やバスをはじめ、駅ナカや商店街から学校、病院、役所といった公共施設まで、場所はさまざま。さらには、ライブハウス、スポーツ競技場、コンサートホールなどのイベント会場、郵便局や公衆トイレ、自動販売機にもデジタルサイネージが設置されている。屋内も屋外も、商業施設も公共施設も、オープンなパブリックスペースもプライベートな密室も、あらゆる空間がサイネージのテリトリーになり得る。設置する場所やサイズもさまざまなディスプレイ、それらすべてがネットワークで結ばれるのだ。

では、街の中を少し詳しく観察してみよう。

２００７年3月、東京・六本木にオープンした東京ミッドタウンには、ネットワーク化した約１５０台のディスプレイが設置されている。地下1階通路に3台並んだ１０３型のプラズマディスプレイには、館内イベントの案内が流れる（写真1）。また、各階に計19台配置された4カ国語に対応したタッチパネル型の施設案内の周囲には、外国人の来訪客が後を絶たない。

デジタルサイネージの典型例といえば、1日平均30万人が通行するというＪＲ渋谷駅前の交差点をぐるりと囲む4台の大型ビジョンだ。待ち合わせ中の若者や交差点を横断するアベックが、新発売のＣＤの情報や星座占いといったコンテンツを見ている。また、ビジネスマンが行き交う大手町、丸の内、有楽町エリアでは74カ所にハイビジョン端末が設置され、三菱地所が運営する丸ビル内の放送センターからニュースや店舗案内などの情報を配信している。

羽田空港では、女性用トイレの個室に7インチの液晶ディスプレイを設置し、空港情報や広告を配信。男性は個室の利用が少ないため、設置を女性用トイレに絞ったという。

空港サイネージの出色はロンドン・ヒースロー空港だろう。外光に満ちたモダンなターミナル5の出発フロアでは、横長の大型LEDが華麗なアートで客を出迎え、チェックインカウンターには数十枚のディスプレイがずらりと並ぶ。しっかりと設計されたサイネージ空間だ。サイネージの数の多さでは韓国・仁川（インチョン）国際空港も負けてはいない。通路のあちこちに案内のサイネージを配置するほか、空港内のショップでも必ずといっていいほど大小のサイネージが活躍している。

大型ビジョンと聞いて、海外の大都市を思い浮かべる人も多いだろう。ニューヨークのタイムズスクエアやラスベガスのホテル街は、サイネージで目映いばかりだ。ロンドンの看板スポットで知られるピカデリー・サーカスも、昔ながらのネオンサインの上に巨大な4面のLEDでコカ・コーラ、SAMSUNG、マクドナルドのCMや音楽番組を流している（写真2）。上海も負けてはいない。大きなビルの壁一面をディスプレイ化したド派手なサイネージが夜の街を照らすというように、大都市はいまやサイネージ・タウンと化しているのだ。

身近なところへ視点を戻すと、スーパーや商店ではどうだろうか。そこにもやはりサイネージが進出している。22店舗で151台の端末を設置しているスーパーマーケット・チェーンの「オリンピック」では、チキンブロッコリースパゲティの作り方が流れるサイネージに主婦が足を止め、その横にある食材に手を伸ばす。「マツモトキヨシ」では化粧品売り場の小型テレビがメーカーのCMを流し、「イトーヨーカドー」の食品売り場ではケータイほどのサイズのディスプレイがヨーグルトの宣伝を繰り返す。このような電子POP（Point of Purchase Advertising＝購買時点広告）がいま急速に活躍の場所を広げ、大型のサイネージよりも存在感を増しつつある（写真3）。アメリカの大型スーパー・マーケット「ウォルマート」では、全米2700店舗にある2万7000台を超えるスクリーンに、衛星でメッセージを表示するというアメリカらしいスケールの大きさだ。このような商店への浸透は、各国で広がりをみせている。ポスターが多く、まだまだサイネージが少ないパリのスーパー「カルフール」では5インチの小画面でCMを流し、エストニアの首都タリンでも、不動産屋や琥珀ショップで小さな端末が活躍しているのを確認した。

病院とて例外ではない。都内のある総合病院では、受付番号とサイネージの表示を照合して診察室の場所を確かめる。各科の診察室のドアにもディスプレイがあり、待ち時間などが表示され、会計や薬の処方もサイネージの表示に従って行う。すっかりサイネージ病院である。

アートの世界もデジタルサイネージの応用や発展が期待される分野だ。２００７年にオープンした乃木坂の国立新美術館では、2階と3階の通路に設置された黒いツヤなし筐体の落ち着いたディスプレイが展示室や講演会を案内している。ロンドンのテート美術館では、派手な赤い筐体のサイネージが子ども向けアート学習情報を流し、パリのポンピドーセンターでは、専用モバイル端末が映像を表示しながら展示作品を解説していた。

写真1

東京ミッドタウンには、ネットワーク化した約150台のディスプレイが設置されている

写真2

ロンドンのピカデリー・サーカスも、コカ・コーラやSAMSUNG、マクドナルドのCMや音楽番組を流している

写真3

電子POPがいま急速に設置場所を広げ、大型のサイネージよりも存在感を増しつつある

サイネージ都市、トーキョー

日本最大のデジタルサイネージ都市といえばトーキョーだ。日本ならではのサイネージを求めて、トーキョーを探検してみよう。

雷門、仲見世、浅草寺、花やしき、七福神、六区などなど、外国人観光客が日本に来てまず足を運ぶ浅草は、見どころ満載だ。江戸の風情を色濃く残すそのカルチェをかけぬける人力車。半纏と地下足袋の車夫は、街のたたずまいによく馴染む。その浅草で人力車を束ねる「雷門東京力車」のチケット売り場には、4台のサイネージが置かれ、いなせな若い衆が人力車を曳く様子を映し出す（写真4）。

雷門東京力車の西尾竜太さんは、サイネージの効果についてこう語った。

「ここは東京の人力車で唯一のチケット売り場です。路上で人力車から呼び込みをかけるのって、少し心苦しいところがあるし。お客さま側としても、ぼったくられないか、安全なのかって不審に思うこともあるでしょ？　だから明朗でオープンにしたかったんです。料金などの情報を開示し、さらに映像も使うことで安心感を出すことができました」

続いて、世界のアキハバラをのぞいてみよう。「ラジオ会館」では、トランシーバーや真空管アンプの隣で、「遊戯王デュエルモンスターズ」のカードが売られている。複合トランジスター、抵抗器、コンデンサーがばら売りされている横には、モデルガンや「トランスフォーマー」のDVD、「ファイナルファンタジー」のフィギュア、「らき☆すた」のポスターが並ぶ。館内では日本語はもちろん、韓国語、中国語、英語、フランス語が入り乱れる。

ラジオ会館の入り口では、たくさんの電子辞書が通行人に〝買ってくれ〟オーラを放つ。「見やすくわかりやすいカラー電子辞書」。電子辞書が自らのディスプレイを使って、セルフ・プロモーションを行っているのだ。ディスプレイ内蔵の電子機器は、自分がサイネージとなって自らをアピールする。薄型テレビは映像メディアの王者たることを主張し、パソコンはその性能を伝え、フォトフレームもデジカメもケータイも自らの液晶画面で自身を売り込む。

見渡せばアキハバラはサイネージだらけだ。ヨドバシカメラ、ソフマップ本館、UDX、とらのあな、ドン・キホーテ——、これらのビルは外壁に、競うように巨大なLEDのディスプレイを掲げている。DVDショップに設置された液晶パネルは「ましろ色シンフォニー」のアニメ商品を宣伝し、ゲームショップの店頭では「3Dドットゲームヒーローズ」を見せている。いずれも結構な人だかりがあるところを見ると、広告効果はありそうだ。

次に赤坂に向かう。2008年3月に出現した「赤坂サカス」は、TBS放送センターから赤坂Bizタワーにかけての一帯を指し、平日はビジネスマンが行き交い、週末は観光客や親子連れで賑わう。フジテレビのお台場、日本テレビの汐留、テレビ朝日の六本木ヒルズと並び、赤坂サカスはＴＢＳがプロデュースの中心的な役割を果たし、テレビ的な演出による映像重視のサイネージ街となっている（写真5）。日本は世界的にみても突出してテレビ文化が発達しており、映像産業に占めるテレビメディアの位置づけが非常に高い。そして、テレビ局が街作りをもプロデュースする。赤坂は日本ならではのサイネージ・タウンなのだ。

地下鉄赤坂駅と赤坂サカスを結ぶ玄関口にあたる「Sacas Front」は、イベントスペース上部に１０３Ｖ型プラズマディスプレイを設置している。赤坂サカスのオープンで赤坂駅の利用客が増加すると見込んだＴＢＳが、街の看板として宣伝効果の高いデジタルサイネージを選んだ。また、自動販売機に似た装置が置かれ、中央のディスプレイに赤坂の地図、上部には映像を表示している。これは日・英・中・韓の４カ国語対応のタッチパネル式店舗検索システムだ。同様の端末は地上にも設置され、訪れた人々が気軽にタッチして行き先を確認している。

地下通路にはたくさんのプラズマディスプレイや液晶端末が据え付けられている。そして１４００人収容のライブハウス「赤坂ＢＬＩＴＺ」に向かうと、ＬＥＤビジョンを埋め込んだ階段「Media Stairs」が私たちを迎えてくれる。19段の階段それぞれがサイネージのディスプレイになっており、色とりどりのＣＧアートやアニメーション、サカスのロゴなどを鮮やかに繰り広げる（写真6）。階段を上りきるのが惜しくなり、下に立ち止まって鑑賞してしまう。見上げれば、天井にある2つのディスプレイがＴＢＳやサカスの案内を配信し、それらが一体となって地上に続く空間を演出している。

そんな中で印象的だったのがユニクロのサイネージだ。訪れたのはＴシャツ専門の新ブランド「ＵＴ」の原宿店。入り口には黒いバックに鮮やかなオレンジのＬＥＤドット文字でメッセージが表示され、周囲に並ぶほかの店舗にはないアイディアでブランドイメージを表現している（口絵写真9）。店内に入るとカプセルに入った５００種類以上のＴシャツが棚に並び、その上段には12台のディスプレイが動画を流していた。それぞれの商品の下には、入り口にあったものと同じ、黒にオレンジのＬＥＤディスプレイが商品番号や値段を表示する（写真7）。すべての商品に電子ポップが付いているのだ。いずれスーパーやコンビニの値札も電子ポップ化し、ネットワーク管理されるようになるだろう。そんな未来を先取りしたサイネージをブランドイメージ作りに取り入れた、非常に戦略的な空間演出だ。

トーキョーを見ていると、日本型のサイネージが発展して海外に飛び出していく、といった予感を強く感じる。次項では、その点について考えてみたい。

写真4

浅草で人力車を束ねる「雷門東京力車」のチケット売り場には、4台のサイネージが置かれている

写真5

赤坂サカスは、TBSがプロデュースの中心的な役割を果たしている

写真6

「Media Stairs」は、19段の階段それぞれがサイネージのディスプレイになっている

写真7

ユニクロの「UT」原宿店では、LEDディスプレイが商品番号や値段を表示している（写真上も）

▦世界一のデジタルサイネージ大国に

国内のデジタルサイネージ産業を拡大させようというスローガンの下、２００７年７月「デジタルサイネージコンソーシアム」が設立された。デジタルサイネージコンソーシアムには、現在までに広告会社、ディスプレイメーカー、コンテンツ制作会社、通信会社など大小１７０社が参画し、本書の著者中村が理事長を、石戸が事務局長を務める。

コンソーシアムの目標は野心的だ。

①２０１５年には１兆円規模の産業とする。その内訳は次のとおり。
ハードウェア／広告・販促／通信キャリア／コンテンツ分野→各２０００億円。
システム関連分野→１０００億円、広告費シェア15％

②日本を世界一のサイネージ大国とする。

市場規模、ディスプレイ数、サイネージ時間量、技術力、コンテンツ力、広告量・販促売上などの面で、世界一の水準を目指す。

２０１５年までに、すべての鉄道車両、駅、空港、商業施設、商店街、郵便局／ポスト、公衆電話をネットワークでつなぎ、サイネージ化する。つまり、日本のサイネージを世界一の水準に引き上げ、その勢いで国際的なビジネス展開も開拓していこうという計画なのだ。

サイネージには3つの産業から熱い視線が送られている。ディスプレイ業界、ネットワーク業界、広告業界だ(図1)。この3つの業界が手を組み、あるいは競合し、切磋琢磨しながら、大きな新大陸を築こうとしている。

ディスプレイの製造メーカーと家電業界は、2011年に完全移行予定の地上デジタル放送化に向けた家庭用薄型テレビの需要にビジネスを集中してきた。そしてその次に来るものとして、屋外や公共空間に市場を求めている。現在サイネージ向けディスプレイは約13万台、小型の電子POPも約13万台が普及しているという。これらが屋外や店舗に広がっていくことを見込んだ大型化または小型化、そして薄型化の開発が続いている。

企業向けの通信ビジネスを開拓する途を探るネットワーク業界と通信業界。家の中ではない屋外向けの通信ビジネスの開発にとって、有望なのがサイネージだ。このためのシステム販売、ソフトウェア開発、保守・運用事業も市場の伸びが見込め、コンテンツ配信を手がける企業も増加している。

そして、広告業界。企業は広告費を抑え、販売促進に費用を使う方向にシフトしつつある。ユーザーへのリアルな訴求を求め、エリアを絞ったダイレクト・マーケティングが重視される。

こうした期待に応えていくことが必要とされているのだ。この3年、テレビ、ラジオ、新聞、雑誌のいわゆる「4大マス媒体」の広告市場が縮小する一方で、インターネット広告が急増している。ところが、マス媒体とインターネット広告などを合わせたトータルの広告費6兆円は拡大しておらず、むしろ減少している。これは、新しいマーケットを作り出せていないことを意味する。

そこで、サイネージに期待がかかっている。旧来の広告市場を奪い合うのではなく、メディア融合の新しい広告市場を形作る。これまでできなかった広告プランを広告主に提案する。テレビや新聞とは別の、新しいマーケティングのアプローチ。ネットやケータイとも異なる、メディア・プロモーションの展開。販売促進費やその周辺の企業支出を取り込む——などなど。

もちろん、コンテンツ業界も関心を高めている。サイネージは、従来のエンターテインメントやテレビコマーシャルとは別の表現、別のコンテンツを必要とするため、これまでにない映像・音楽制作のビジネスチャンスが生まれるだろう。

富士キメラ総研は、サイネージにおける2008年の市場規模649億円のうち、システム販売・構築は426億円、コンテンツ制作配信サービスと広告で223億円としている。ハードとソフトでおよそ2対1の割合だ。ブロードバンドの普及、液晶やPDP（プラズマ・ディスプレイ・パネル）といった薄型・大画面モニターの製品増加、コンテンツ制作・配信が可能な安価なシステムの増加など、サイネージはハードウェア先行で立ち上がってきた。また、総務省によれば2007年のICT（インフォメーション・アンド・コミュニケーション・テクノロジー）市場では、コンテンツ・アプリケーションが40%を占め、端末32%、ネットワーク24%を凌駕するようになったという。サイネージも長期的にはコンテンツやプラットフォームの領域が拡大していくことが期待される（図2）。

実は、この製造／通信／コンテンツの3業種すべてを国内に保有しているのは日本しかない。これにより、日本だけが総合力を発揮できるのだ。ディスプレイを製造するメーカー、他国を凌ぐ高速光ファイバーやモバイル通信網を普及させた通信業界、ポップな文化表現が世界中に受け入れられているコンテンツ業界。これらの力をサイネージ産業で発揮すれば、強くて面白い日本独自のサイネージ文化が生まれるはずだ。

アメリカと比較してみても、液晶やプラズマのディスプレイは日本や韓国がしのぎを削っており、アメリカの出番はない。また、ブロードバンドの普及度世界一の日本は、光ファイバーの普及では他の追随を許さず、ケータイネットの普及も群を抜く。通信に関しては、アメリカよりも5年程度のアドバンテージがある。ではコンテンツはどうだろう。確かにハリウッド的な重厚長大な映像作品になるとアメリカは圧倒的なパワーを持つ。だが、サイネージのコンテンツは、恐らく、もっと軽くて、単純で、みんなが作れる大衆型のものが普及すると予想される。

コンテンツがポップ性と大衆の情報生産力に依存するとなれば、日本の大衆ポップパワーのほうに分がある。この「ものづくり力」と「表現文化力」の両方を生かせるメディアであるデジタルサイネージは、産業面においても日本が国際市場で実力を発揮する分野になるだろう。

さらに、日本ならではの強みを生かしたサイネージが実現することも期待される。例えば、モバイル端末やおサイフケータイ、そして、自動販売機との連動だ。日本はケータイ王国かつ自販機大国。看板を見ているだけではおカネは動かない。そこで、ケータイや自販機といった日本独自の発展を遂げてきた機械とサイネージを組み合わせ、おカネの流れが起きやすいビジネス環境を整備する。海外からも注目されるこの分野は、日本が日本型のサイネージモデルを作り出す大きなチャンスだ。

テレビCMの焼き直しではない、サイネージならではのコンテンツ。「ならでは」の表現が登場し、「ならでは」のビジネスモデルが成立していく——そこに至るまでのスピードの速さ、タイムラグの短さが業界にとって重要なポイントとなる。ブロードバンドもモバイル通信も、ハードの普及が先行した後にコンテンツが増えていった。こうしたコンテンツは、企業サイトだけでなく、動画投稿サイトやSNSなどで一般ユーザー作品の投稿が爆発的に増えることによって面的な広がりを見せた。サイネージもそうした独自コンテンツを獲得することで成長していくことになる。

図1　サイネージには3つの産業から熱い視線が送られている。
ディスプレイ業界、ネットワーク業界、広告業界だ

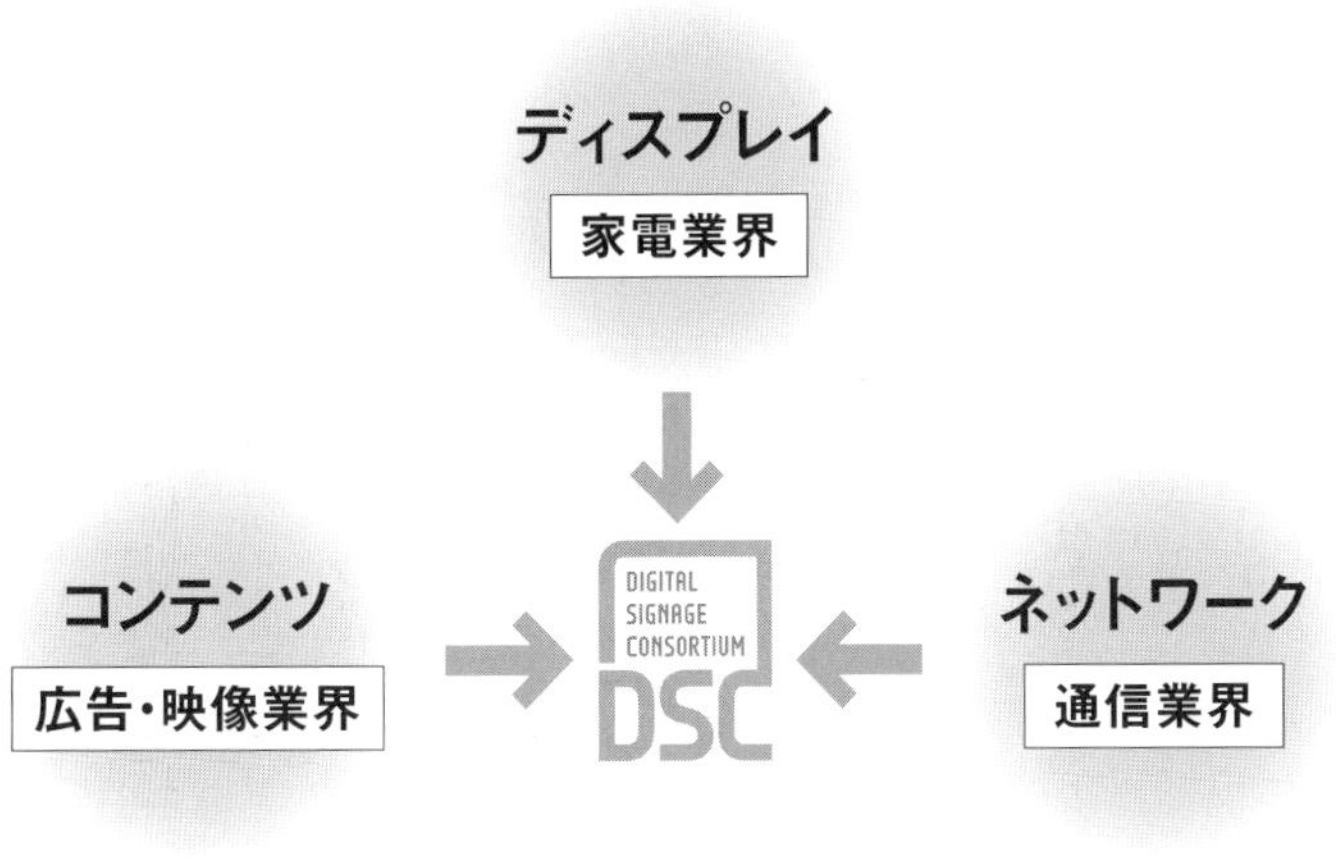

図2

2007年 ICT市場規模

81.5兆円
（2009情報通信白書）

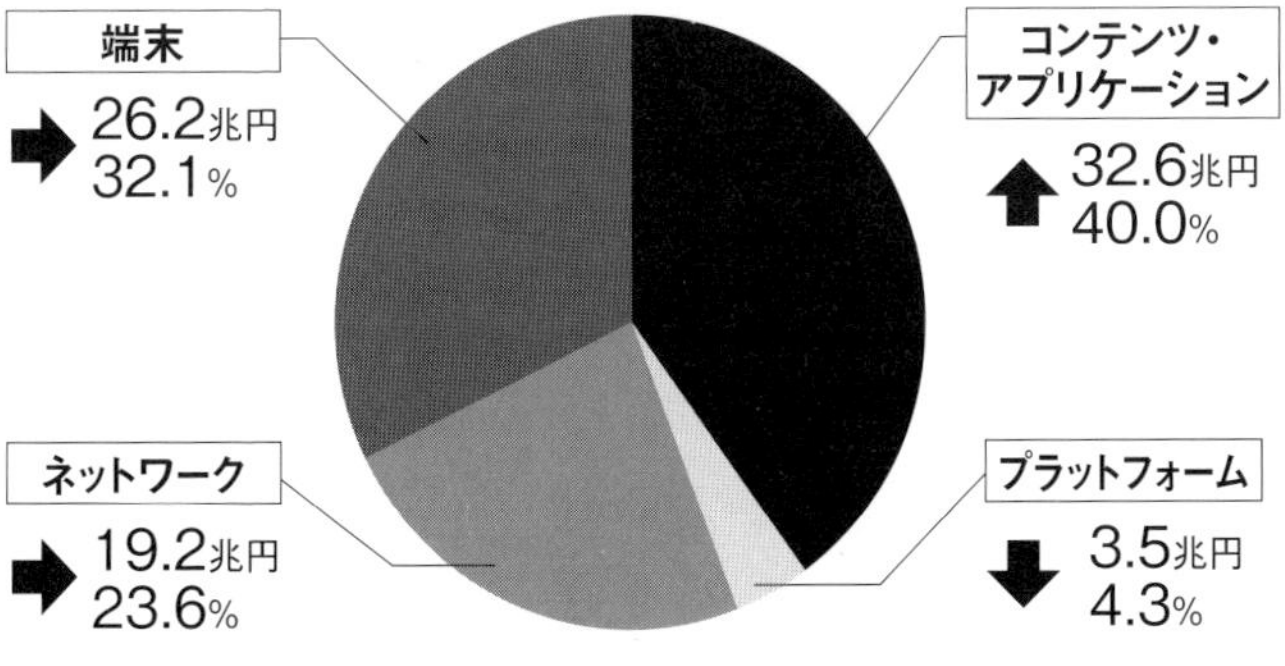

田 テレビ、パソコン、ケータイ、そして

パソコン＝インターネットとケータイ＝モバイル通信は、90年代半ばから爆発的に普及し、この15年間のデジタル社会経済を形成してきた。デジタルサイネージはそれらに次いで登場した大型メディアだ。

それは穴の空いたメディア空間を埋める一片のピースでもある。メディアの役割を屋内＝インドアと屋外＝アウトドア、片方向＝プッシュと双方向＝プルに分類すると、一方的に情報を送信するテレビはインドアのプッシュ型。パソコンは自分で情報を取りに行くインドアのプル型。同様にケータイはアウトドアのプル型。そして残る一つ、アウトドアのプッシュ型がデジタルサイネージの役割だ（図3）。その違いは、対象となるユーザーや視聴者の数となって現れる。テレビは100万人単位の視聴者を対象とし、パソコンやケータイは、1対1の通信が基本になる。そしてデジタルサイネージは、その場所を通る10人ないし100人に届けるメディアだ。このように、メディアがカバーする範囲によって、配信する情報の作り方がまったく異なることがわかる。

デジタルサイネージは街頭テレビの進化形と言ってもよい。1953年8月に開局した日本テレビは、当初から18〜21インチのテレビ200台を関東一円53カ所に設置した。翌54年2

月、木村政彦・力道山組対シャープ兄弟の一戦は、新橋駅前の街頭テレビに2万人の群衆を集めた。２００９年11月29日、視聴率46％をたたき出したＷＢＣフライ級タイトルマッチ内藤大助対亀田興毅戦は、新橋駅前の３５０インチのビジョンでも放映された。しかし集まったのはおよそ２００人にとどまる。テレビが普及した今、テレビ番組はサイネージのコンテンツではなさそうだ。

では、サイネージを取り巻く経済状況はどうか。現在再びＩＴ分野に熱い視線が集まってきているものの、期待に反して情勢は弱含み。ＩＴ産業は成長するどころか、縮小しているのだ。総務省のデータによれば、２０００年に86・３兆円あった市場規模は２００５年に79・７兆円となった。数字は通信・放送、機器メーカー、ソフトウェアやコンテンツの売り上げの合計だが、全体で６・６兆円も減っている。特に、通信業とメーカーの落ち込みが激しい。

コンテンツ産業も実は停滞している。２００８年、コンテンツ市場は13・８兆円で前年比マイナス２・８％。広告費もほぼ横ばいで、テレビ業界も苦しい状況。音楽や出版、新聞は何年も続けて売り上げ規模が縮小している。１９８０年代に海外からバッシングを受けるほどの強さを発揮していた日本の産業力をどうすれば再生できるのか。日本型の発展モデルは描けないのだろうか。

その一つの答えがデジタルサイネージだ。新しいメディアとして、新しい産業として、現況を打開する突破口になるのではないか。ものづくりの力とポップな文化力とをかけあわせた、日本ならではのサイネージ・モデルが期待される。まだまだ発展途上にあるデジタルサイネージは、新技術の導入やコンテンツ開発を積極的に行い、形を変えながら進化していくだろう。

コンテンツ産業は停滞こそしているが、その構造は激変している。アナログコンテンツは7・9兆円でマイナス8・5%であるのに対し、デジタルコンテンツは5・9兆円で5・9%のプラス成長を見せる（図4）。アナログからデジタルへ、市場の急速な移行は止まらない。デジタルコンテンツとしてのサイネージの活躍の場は増えると見ていいだろう。

日本の広告市場はおよそ6兆円。これがサイネージの第一ターゲットだ。さらに、広義の販売促進費は年間13兆円あると言われ、これが第二のターゲットとなる。いや、販促メディアとしての活用のほうが、広告よりも先に広がっていくだろう。

2007年の電子商取引の総額は1・83兆円と、ネット上のビジネスは確実に伸びている。しかし、流通小売り全体の売り上げは135兆円。まだネット市場の比率は1・4%に過ぎない。バーチャル産業にとっては、98%以上のアナログなリアル市場が残されているのだ。それをどうデジタル化していくかが大きな課題だ。

サイネージが取り扱う領域は、広告や販促だけにとどまらない。すでに、ホテルのコンシェルジュのような案内・相談ツールとして、また駅や空港での案内板としても使用されている。

金融機関の店内に流れる株価情報や、スーパーの食品棚で値段表示しているディスプレイもそうだ。サイネージを利用する企業においては、広報部が広告ツールとして、営業部が販促ツールとしてとらえるだけのものではない。ネットを利用した人材確保やケータイ画面上の出店戦略などが経営課題になっているように、サイネージを扱うのも経営企画部や社長室の役割になってくるかもしれない。さらには、学校や病院での情報共有ツール、企業内の連絡ツールとしても期待できる。たとえば、公共空間で緊急情報を流すといった公的な利用もそのひとつだ。ビジネス全般、教育、医療、行政といった、経済社会のあらゆる活動で、情報を伝えたり表したりするツールとなっていくだろう。いわばGDP500兆円をとりまくメディアとして大きな潜在力を秘めているのだ。こうした点に政府も注目し、2009年度予算でサイネージの実証実験を行っているほか、補正予算で自治体の取り組みを後押ししている。

広告や情報の提供にとどまらず、壁、地面、噴水などをサイネージ化することで街をメディア化する。都市景観や風景を向上させたり、アートとして地域の価値を上げたりすることにも活用される。ビルのオーナーやデベロッパーが土地や建物のバリューを上げるために取り入れていくことも考えられる。広告、マーケティングの枠だけにとどまらない、広く経済社会に活用される新メディア。そして、技術も表現も進化していく成長メディア。これからの分野であるだけに、広い視野でデジタルサイネージの可能性をとらえておきたい。

図3　アウトドアのプッシュ型がデジタルサイネージの役割だ

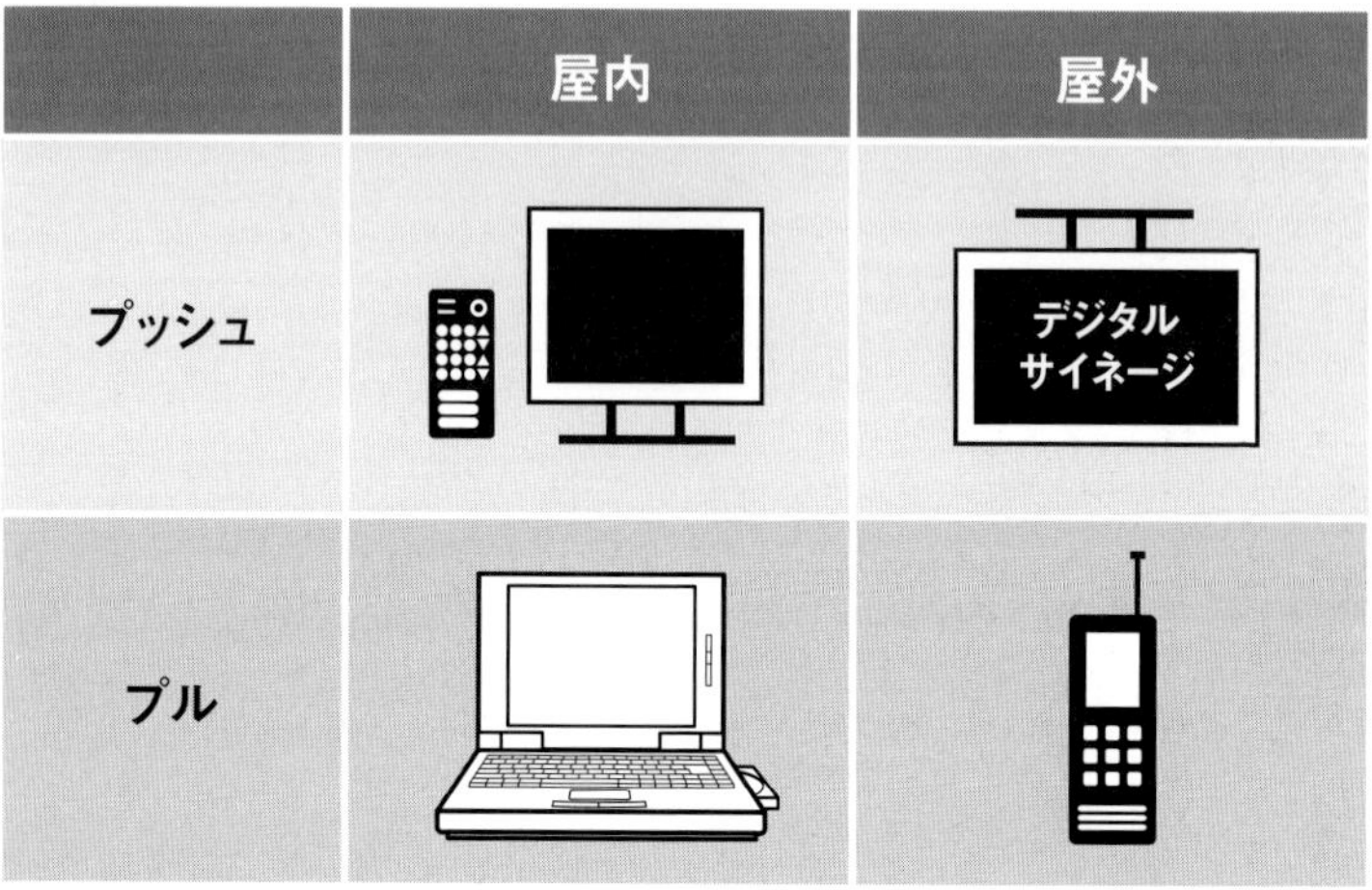

図4

2008年　コンテンツ市場
（2009デジタルコンテンツ白書）
13.8兆円　–2.8%

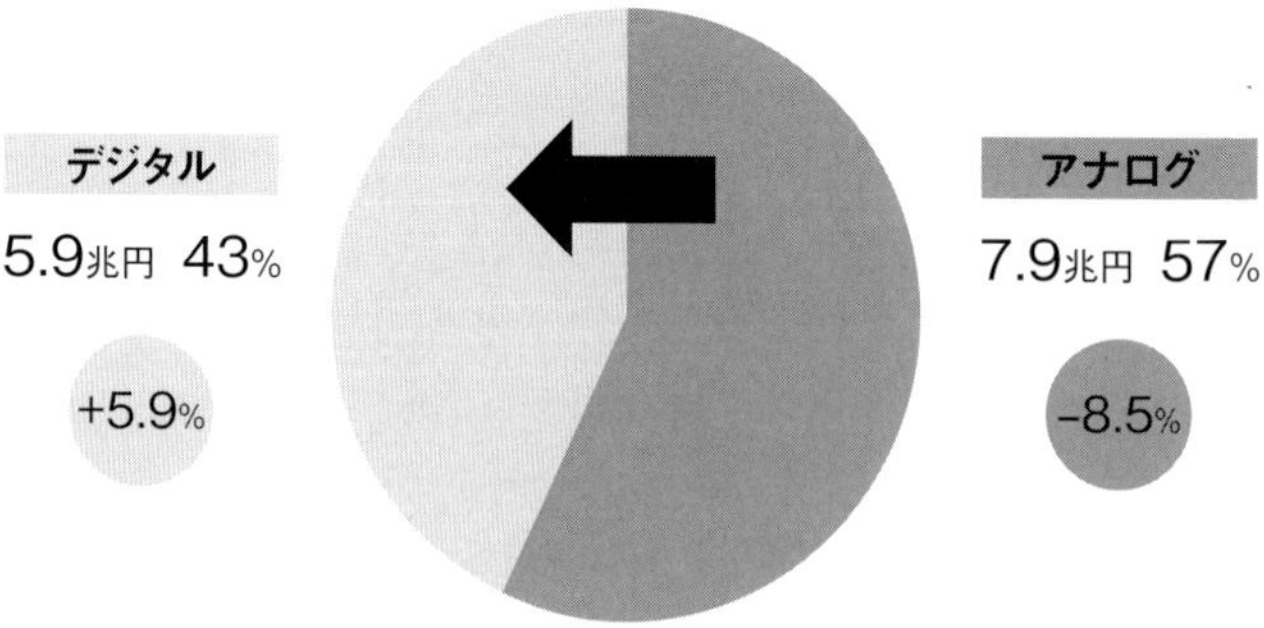

メディア融合3・0

2011年、日本では世界に先駆けて通信・放送を横断するマルチ・デジタル・ネットワークが完成する。通信ではブロードバンド網が整備され、無線ではモバイル通信網が発達している。インターネット環境の整備という面では世界一と断言してよい。そして地上デジタル放送波が、政府の目標とする2011年7月に完全移行すれば、通信・放送、有線・無線のデジタル列島となる。その受け皿は、テレビ、パソコン、ケータイ、そしてデジタルサイネージだ。

サイネージは融合メディアだ。いくつかのローカル端末に有線で情報を流すこともあれば、全国のディスプレイにCMを一斉放送することも可能だ。どんなコンテンツをどのネットワークで伝送するか。さまざまな選択肢が考えられる。

ただし、融合メディアだからこそ抱える問題もある。たとえば、法規制の適用。街頭のディスプレイに有線で配信すると「有線テレビジョン放送法」が適用され、コンテンツにも規制がかかる。同じコンテンツを特定の建物内に限定して流す場合、放送ではなく通信扱いとされ、コンテンツ規制はないが、今度は著作権処理が問題になる。

通信と放送にまたがって電波を使おうとすると、さらにいくつかの制約が出てくる。電波法では一つの周波数は一つの目的に対してのみ利用できることになっているため、昼はテレビ、夜はモバイル通信をやりたいと思ってもダメなのだ。サイネージ向け通信をする一方で、ケータイ用のIP向け放送を行うといった電波ビジネスも認められない（図5）。

こうした通信・放送分野の規制法は10ほどあり、それぞれが入り組んでいるため専門家でも混乱することがある。これでは新しいビジネスの展開に支障を来す。そこで、通信や放送といったタテの区分をなくし、コンテンツ、サービス、ネットワークといった横割りのレイヤー別編成にしよう、10本の法律を1本の「情報通信法」にまとめてスッキリさせようという動きがある（図6）。

過去3年をかけ、法体系を抜本的に見直す議論が政府内で行われてきた。筆者も議論に参加し、デジタルサイネージのような新しいサービスが柔軟に展開できるよう、大幅な規制緩和を求め、ひとまず議論はその方向で進んだ。

電波の縛りを緩め、新しいサービスやビジネスの開発を可能にする下地づくり。2011年に地デジが完成すれば、これまで放送で使ってきたアナログ周波数帯も空き、電波の区画整理も行われる。このタイミングで融合法制も整え、新しい世界を描けるようにしよう、というのが主眼だ。地デジ後のビジネス開発を切り開くことは待ったなしなのだが、制度面の道がまだ開かれていないのだ。一刻も早い制度整備を望みたい。

ひとまず政府は、2010年の通常国会にこの考え方を取り込んだ法案を提出した。大きな前進だが、順調に法案が成立しても、その後の細かい規定やルールの整備も必要になる。いずれにしろ、法律をはじめ制度の設計には時間がかかる。より大事なのは、デジタルサイネージコンソーシアムが取り組んでいるように、現実のビジネスやサービスを民間で作り出していくことだ。

時間がない。今ある制度のままでもいいから、新しいビジネスを後押ししたい――。そこで2008年にスタートしたのが「ユビキタス特区」。これも筆者らの要望を政府が取り入れたスキームだ。2009年12月現在、67の地域がこのユビキタス特区に指定され、電波を使ったサイネージなどの実験が進められている。島根県松江市では「MediaFLO」によるサイネージ実験が行われ、福岡県福岡市では6セグメントの放送波を使ったバス車内へのデジタルサイネージコンテンツ配信といったビジネス実験が進められている。

放送メディアとネットとを結びつける動きも活発だ。ネットの伝送方式であるIP（インターネット・プロトコル）を放送波に乗せる「IPDC」を、モバイル向けマルチメディア放送の各陣営が採用することになっている。2009年6月には企業連合「IPDCフォーラム」が形成され、通信と放送を横断した技術やビジネスモデルを共同で模索し始めた。サイネージはそのIP放送波の重要な受け手と考えられている。さらに、2009年11月には「AMIOフォーラム」が発足した。AMIO＝All Media In One、つまりすべてのメディアを一つの電波に乗せようというアイディアの下、デジタル放送の電波を使って新聞・雑誌の紙・誌面をそのまま伝送するプロジェクトだ（図7）。これもユビキタス特区制度を活用し、雑誌協会などと連携して実証実験を行う。２０１０年3月には、電波を発射しての技術実験に成功した。ＴＶ、パソコン、ケータイ、ゲーム機、そしてサイネージで新聞や雑誌を読むことができるようになるかもしれない。ＩＰＤＣフォーラム、ＡＭＩＯフォーラムともに筆者が代表を務めている。

もう一つ、電波において期待が高まっているのが「ホワイトスペース」、つまり空き空間である。マルチメディア放送はアナログの跡地を使うのだが、その放送局が引っ越した先のＵＨＦ周波数帯もすべてがデジタルテレビ局で埋まるわけではない。というより、ＵＨＦ 40チャンネルのうち実に約30チャンネルが空くことになる。これを有効に使おうという議論だ。このホワイトスペースを使って、スポット的にモバイル機器やサイネージにコンテンツを放送するといった方法が注目されている。周波数帯は地域ごとに異なるので、地域によって帯域を切り替えたり、混信回避の手段を採ったりするなど、課題もある。ただし、総務省はこの電波資源の活用に前向きで、地域活性化や新興産業の創出に向けて検討チームを発足させている。また、同省は地域ＩＣＴ事業を支援する予算措置を講じており、多くの地方自治体が協議会を設立するなどデジタルサイネージの活用に乗り出している。２００９年度には技術実験に向けた予算が用意され、現在サイネージとモバイル技術をドッキングした実験が進められている。

２０１０年7月には、「ホワイトスペース特区」を創設するというプランもある。

一方、コンテンツに関しては著作権の論議がかまびすしい。これも大切ではあるが、文化庁や知財本部の委員会などの場に参加して痛感するのは、制度論議には限界があるということだ。業界関係者の利害調整が難しく、時間がかかる。これも実際にビジネスを動かし、マーケットを作るという実態論がより重要になる。「コンテンツ取引市場」はその一つ。アメリカやフランスにはテレビコンテンツの流通の仕組みがあり、韓国や香港にもそうした動きが出始めている。しかし、日本にはテレビコンテンツがネットやケータイ、海外市場などに流通するための取引の場がない。そこで現在、プロダクションが作ったコンテンツの情報をやり取りできるデータベースを整備中だ。また、コンテンツ制作の資金を調達し、制作者を公募して選定、作られた作品を地上波や衛星、ケーブル、ネット、ケータイといったマルチメディアに展開するトライアルを２００８年からスタートしている。

図5

昼はテレビ放送、夜はモバイルやサイネージ通信といった
電波の使い方は認められていない

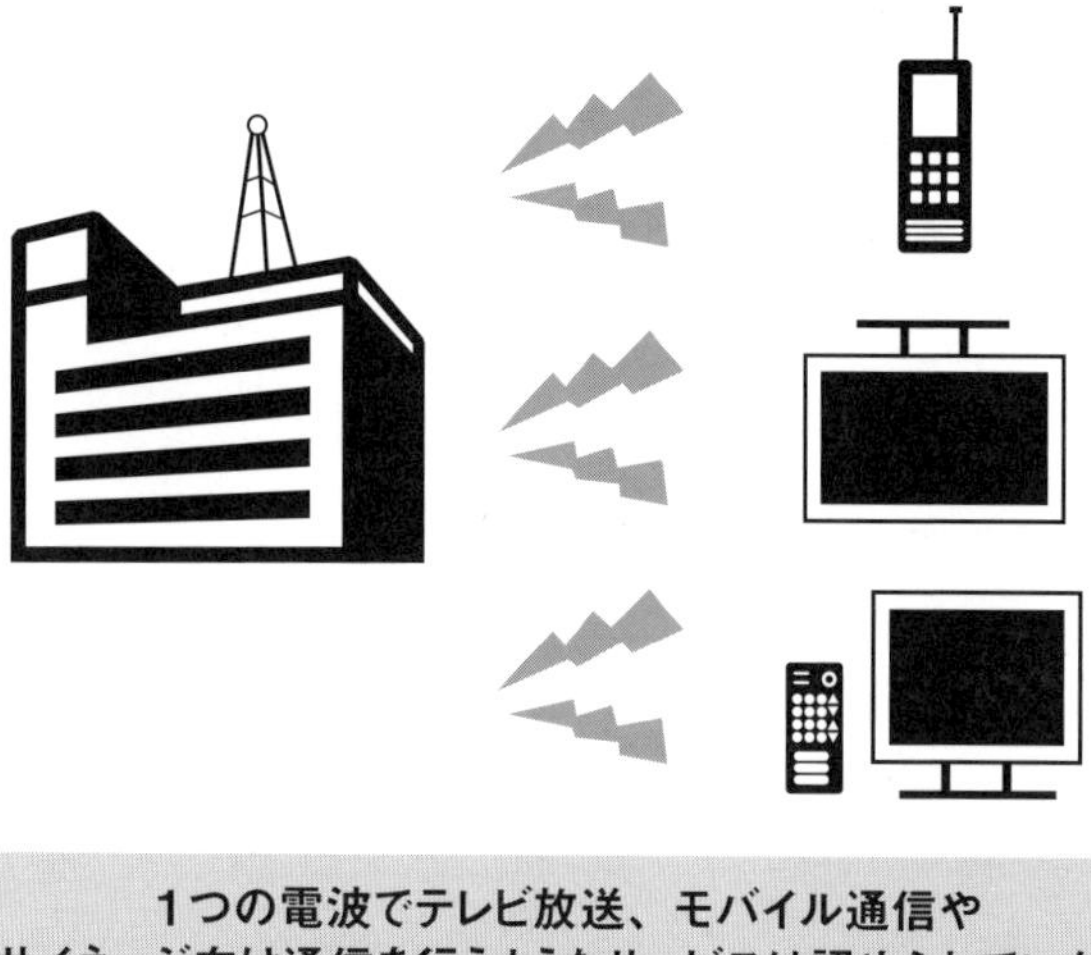

1つの電波でテレビ放送、モバイル通信や
サイネージ向け通信を行うようなサービスは認められていない

図6

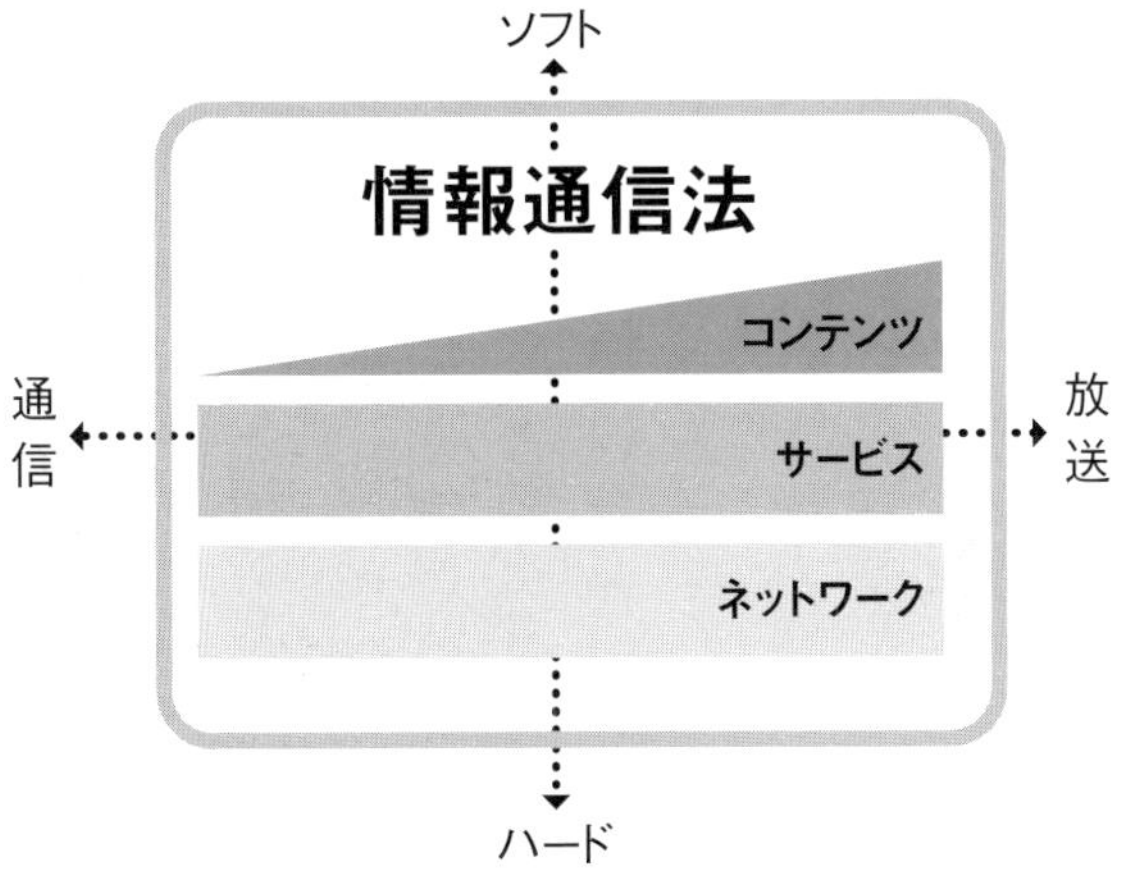

図7 AMIOプロジェクト

◫ 進化するインターフェース

屋内、屋外、設置場所は問わず、通信だけでなく放送も受ける。デジタルサイネージのイメージは一つに収まりきらない。その点でデジタルサイネージを、「テレビ、パソコン、モバイル以外のデジタルメディア」と定義してもよい。場所やネットワークだけではない。大きかったり小さかったり、丸かったり四角だったり、さまざまなインターフェースがあり得る（写真8）。

地デジカくんが「2011年7月にアナログ放送は終了します」と言っている。2010年ワールドカップ南アフリカ大会を大型・薄型テレビで観戦する家庭も多いだろう。その一方で市場では、激戦の家庭向けの大型テレビ商戦に飽和感がただよう。

これに対し、家庭向けとは別の企業向けマーケットにあるデジタルサイネージは、これからの市場として開拓していける余地が大きい。価格は低下傾向にあり、42インチで10万円程度。少し前まで1インチ1万円が相場だったのが、今や一気に2380円まで下がっている。筐体を含めた展開では、日本サムスンの「ハルヱとケイジ」という「お手軽」制作・表示システムが32インチで19万8000円。他方、PDP（プラズマ・ディスプレイ・パネル）はパナソニックが150インチの商品を開発するなど、大型化で先行し、サイネージ向けには1・6万台が普及している。フルカラーLED（発光ダイオード）は、より大型の映像向けであり、商業施設、ビルの壁面、競技場などでCMやプロモーション映像を流している。赤坂サカスや科学未来館には400インチの大型LEDが設置されている。

会議やプレゼン用に使われることが多いプロジェクターを、サイネージとして利用している事例がある。お台場の「ヴィーナスフォート」ではプロジェクターを使い、壁や床に自然なかたちで情報を表示している。道に面したウィンドウに、店の中から映像を映し、通行人に見せる手法など、投影方法はさまざまだ。また、ディスプレイはスクリーンやフィルムなので、液晶やPDPに比べ非常に軽量である点など利点が多い。

実は、こうした人目につく大型の看板よりも、小さな画面のサイネージが今後の本命となっていくことが予想される。

小売店をのぞくと、小型のサイネージが台頭していることに気がつく。大型のサイネージが強く視線を引きつけるように主張をしているのに比べ、小型のそれは周囲の環境に溶け込んで、ひそやかにメッセージを発信する。

「イトーヨーカドー」の食品売り場には、5インチ（かつてのフロッピーディスクほど）のフォトフレームが棚に据えられ、動画CMが流れる。「マツモトキヨシ」では、化粧品売り場にある7インチ程度の小型テレビが乳液のテレビCMを上映している。

表参道BVLGARI前の歩道に、小型サイネージ9枚を裏表に取り付けたオブジェが置かれている。MOMA Design Store、Fresh Tea、ほの字など、同ビルに入居している店舗のCMだ。それらがランダムに点いたり消えたりする、シンプルで美しく目を引く案内板だ（写真９）。

電子ＰＯＰなどの小型ディスプレイは、２００８年にはスーパーやドラッグストアなどに13万台が普及（写真10）。多くはスタンドアローンで、メモリーカードを記憶媒体として再生するタイプの機種だが、最近ではネット配信型も登場している。デジタルフォトフレームは5インチ版10㎝×17㎝で1万円程度。３㎝四方の１・５インチなら２０００円程度で市販されている。このあたりの価格帯であれば、個人商店でも手軽に導入できる。ほかにも、7インチ程度のＤＶＤプレーヤーやミニノートパソコン、ｉＰｈｏｎｅなどのケータイ端末もディスプレイとして活躍するだろう。

大・中型のディスプレイも、小型のＰＯＰも価格競争が進み、中小企業や商店でも導入しやすくなってきた。「パパママストア」（家族経営の小売店）でもサイネージが導入できるようになることが重要だ。手軽に設置でき、店舗やオフィスに自然に馴染む機器が登場することで、ようやくサイネージは本当の産業になる。

最近、デジタルフォトフレームやネット端末「chumby」が人気を博しているが、それらが家庭の中に居場所を見つけ、ネットにつながると、それはテレビ、パソコン、ケータイ以外の家庭用デジタルサイネージになるのではないだろうか。フォトフレームがネット経由で時刻や天気予報、孫の写真やアート作品、スーパーの特価品などを知らせてくれる。テレビ、パソコン、ケータイとは異なり、24時間、何かを静かに表示し続ける。ひょっとするとここに新しいサービスが開拓され、大きなビジネスチャンスに結びつくかもしれない（写真11）。

技術開発も進む。まず、映像ディスプレイの開発。さまざまな大きさや形態の映像ディスプレイが開発されることで、今まではなかった場所に新しい広告需要が生まれる。薄さ3㎜というテレビも登場し、これまで物理的に映像ディスプレイを置くことが難しかった場所にも設置可能になった。アクリルの板をヒト型に切ったディスプレイで、まるで目の前に女性が立っているかのように話をしてくれるサイネージもある（写真12）。

立体映像技術も進化し続けている。3Dで表示される広告が日常的に見られるようになる日もそう遠くないだろう。初のフルCG「トイ・ストーリー」から15年、ジェームズ・キャメロンの映画「アバター」3D版は、生物の表情、森の静謐さ、戦闘機の重量感が実写以上にリアルに感じられる。そして、現実を超越するバーチャルな表現。木の精と交わり、獣の背に乗り、高速で宙を舞い、モビルスーツを操る。CG技術はここまで来た。想像力だけが制作の制約だ。

3D表現ではいまだに特殊メガネが必要だが、これを経験してしまうとCGやアニメ作品はもう2Dには戻れないかもしれないと思えるほどの奥行きと臨場感がある。だが同時に感じるのは、映像よりも文字表現に効果がありそうだということだ。動画のこちら側や向こう側に文字を置くことで、文字の訴求効果が高まる。画面の奥側に豊かな映像があり、眼前にはっきりと示されたときの文字メッセージは非常に存在感がある。この手法は将来、デジタルサイネージに応用されていくだろう。

写真8

さまざまな大きさや形のディスプレイが開発されている

写真9

表参道に、小型サイネージ9枚が裏表に張り付けられてあるオブジェが置かれている

写真10

小売店に多く見られる小型のサイネージ

写真11

デジタルフォトフレームは、24時間スイッチオンで何かを静かに表示し続ける

ソニー（株）提供

写真12

目の前に女性が立っているかのような、ヒト型のディスプレイ

（株）オックスプランニング、セイコーエプソン（株）提供

⊞ インタラクティブ・サイネージ

進化するのは画面上の技術だけではない。新しい表現手法は、今後もどんどん取り入れられることになるだろう。特にインタラクティブへの取り組みの事例は増えている。

たとえば「東京ジョイポリス」の床には、３ｍ四方に泳ぐカエルやオタマジャクシの映像が投影されている。それを子どもたちが容赦なく踏みつけると、カエルは泡になってしまう。オタマジャクシは赤いカエルに変身して逃げていく。プロジェクターで床に映像を投影し、上からのセンサーに反応して画像が変化する仕組みだ。

また、銀座の「資生堂」本社ビルでは、テーブルに触れたり、引き出しを開けたりすると、資生堂が所蔵する豊かな映像アーカイブ作品が映し出される(口絵写真13・14・15)。人が近付くと、それまでスクリーンセーバーのような模様を映し出していた天井の映像が変化する。これらは３０００本のコンテンツを蓄積したＣＭデータベースからネットワークで配信している。デジタルとアナログ、バーチャルとリアルとを美しく組み合わせた文化発信システムだ。

ＮＴＴアイティが開発した「tenoripop（てのりぽっぷ）」は、手のひらをディスプレイに見立てて映像を表示するサイネージだ（写真13）。天井に取り付けたカメラが肌色の部分を抽出して手のひらを特定し、手のひらを移動させると映像も追従する。映像を投影した複数の手のひらを合わせると別の映像を表示する機能も備え、利用客側で映像を操作することもできる。プロビジョン・インタラクティブ・テクノロジーズ社は、触って操作できるホログラムを開発している。空中に立体表示された映像に触れると、関連カタログなどがプリントアウトされるというものだ。

このようなインタラクティブ表現のヒントは、美術館に行くとあふれている。そうした場所の一つ、NTT東日本が運営する文化施設「ICC（NTTインターコミュニケーション・センター）」は、コミュニケーションというテーマを軸に科学技術と芸術文化の対話促進を目的とした施設だ。入り口の左手にはコミュニケーション型のサイネージが設置され、4面あるディスプレイの上2面でキッズプログラム、下2面のうち左側のディスプレイにはまるで鏡のように自分の姿が映る。動く対象を感知して、画面にICCのアイコンや「こんにちは」「ICCにいるよ」という文字が泡のように浮かび上がる。一方、右側の画面には大手町にある逓信博物館の様子が映し出され、向こうの来館者が画面の中で動くと、公衆電話のアイコンや「逓信博物館です」「大手町にきてるよ」といったコトバがはじき出される。双方で同じ映像を見ながら、見知らぬ者同士がコミュニケーションする。

お台場にある「ソニー・エクスプローラサイエンス」は、光、音、エンターテインメントの体験型科学館だ（写真14・15・16）。そこに展示されている「Holowall Table」は、ガラスのテーブルの上で手をかざすと、その形の影がドットで現れる。影絵を作ってみると、そのパターンによって、チョウやカニやゾウに変身。CGアニメとなって動き始める。

ほかにも、テーブル上の画面にあふれてくるビー玉をかき集める「Marble Market」。ディスプレイに自分の姿が映り、手をうごかすと体が炎に包まれたり、ジェルのように溶けたりする「Motion Magic Mirror」など、ディスプレイと映像を駆使したさまざまな作品を体験できる。

同じく台場の科学未来館に展示されている「共画」は魅力的なインタラクティブ・テーブルだ。グレーのガラス面には4つのペンが取り付けられ、それぞれ青、緑、赤、紫の太線を描く。直線を引くと先端が矢印になって矢印の方向に移動したり、先端に花が咲いてうごめきだしたりする。円を描けば、それがグルグル回りだす。

海の向こう、パリの現代美術館「ポンピドゥー・センター」は、かねてから映像表現やビデオ芸術に力を入れてきた。サイネージとは親和性が高く、入り口やいくつかのブースに端末を設置しているほか、来館者向けにポータブルなマルチメディア案内端末も用意している。この案内用の端末をマルセル・デュシャンの「泉」に近づいて操作すると、その便器の写真と音声での解説が流れるといった仕組みだ。

1990年代後半から2000年代前半、筆者らが在籍した「MITメディアラボ」がこうした技術のメッカとして面白い研究を盛んに進めていた。立体のホログラフィ技術や電子ペーパー「e-INK」など、次世代ディスプレイ技術が数多く打ち出された。スクリーンに向かってバスケットボールを投げるとバスケットの試合に、野球の球を投げれば野球の試合に切り替わる。ベッドに寝転がって上方を見上げると天井が大画面のディスプレイになる。横を向けば映像が目線の先の壁に移動する。人が歩くと、その横をディスプレイが追いかけてきて、歩きながらずっと画面を見ることができる。当時、多彩なアウトプットが見られたのが、こうしたインタラクティブなシステムだった。石井 裕教授が開発した卓球台は、ピンポン玉が跳ね返るたびに、台の表面に波紋が広がる。球の落下点にリアルタイムに影の模様ができる。卓球をしながら、卓球台がキャンバスとなって、絵が出来上がっていく。これは、卓球台の下に取り付けた8つのマイクがピンポン玉の音を拾って位置の座標を計算し、映像とサウンドを天井のプロジェクターから投射するシステムだ。

このような技術が大学の研究室で開発されてから10年。現在、さまざまな形で実用化が図られている。開発から実用まで、産業形成に時間がかかるのは珍しくない。問題は、それらがこれから発展するかどうかだ。そのカギは、コンテンツが握る。新しい技術を使いこなす豊かなコンテンツを開発していかなければならない。

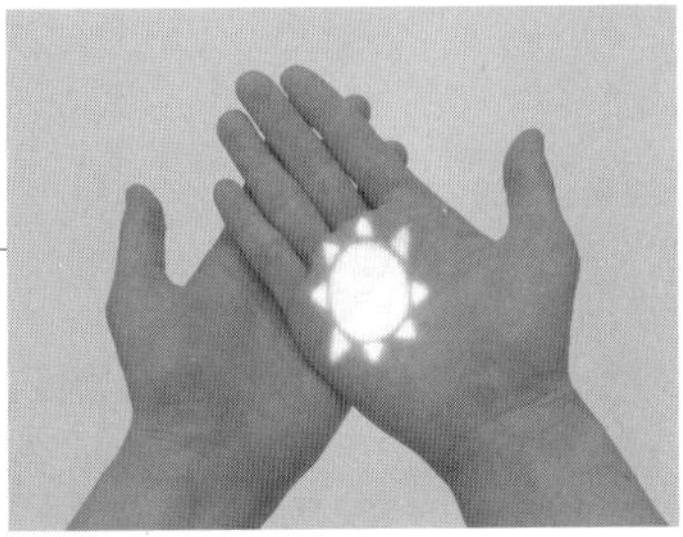

写真13

NTTアイティが開発した「tenoripop」

写真14

テーブルの上で手をかざすと、その形の影がドットやCGアニメで表示される「Holowall Table」

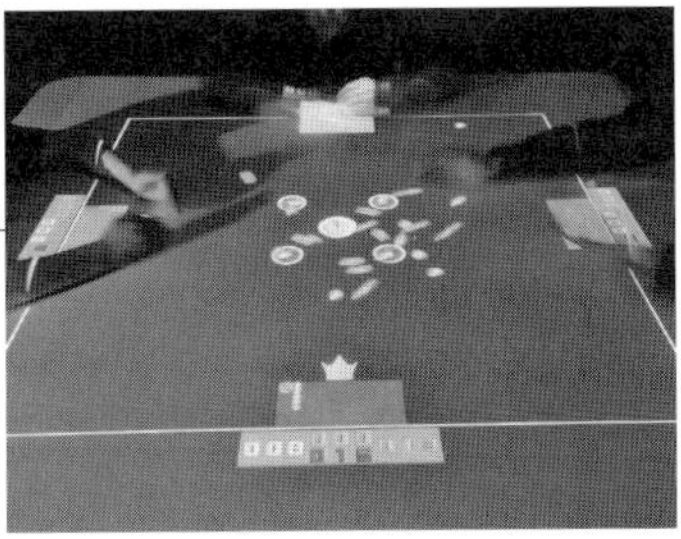

写真15

画面にあふれるビー玉をかき集める「Marble Market」

写真16

ディスプレイに自分の姿が映り、炎が表れたり、ジェルのように溶けたりする「Motion Magic Mirror」

写真14−16　画像提供：ソニー・エクスプローラサイエンス

田 街に溶け込むサイネージ

これまでに挙げたさまざまな事例が示すとおり、デジタルサイネージはバーチャルな仮想空間とリアルな物理空間とをつなぐメディアでもある。

いま街は、そしてあらゆる空間は、デジタルサイネージで埋め尽くされようとしている。空間プロデュースの一環としてのサイネージ、都市の景観の一部としてのサイネージがキーワードになりつつある。世界中で実際に展開している例をもう少し紹介しよう。

ニューヨークのノキアショップでは、壁一面のスクリーンが近未来的なショップイメージを演出している。ケータイのデモ機を手に取ると、それに連動してスクリーンの映像が変化し、音も映像とシンクロするといったこの店舗でしか体験できない特別な仕掛けが楽しめる。

東京・大手町にある人材派遣の「パソナ」本社。1Fのショールームでは、150インチのタッチパネル式プロジェクター11面を使って、パソナの企業理念や派遣希望者の登録業務などを表示する。スマートなカフェ空間を巨大映像システムで演出しながら、来客に企業イメージとブランドを理解してもらう。

2007年にオープンした国立新美術館。全面ガラス張りの曲面の威容は黒川紀章氏の手による。2階と3階の通路に置かれたディスプレイは、展示室の案内や講演会のスケジュール、教育普及事業のもようなどを静止画と文字で表示している。打ち放しのコンクリートの壁に、深い茶の木材による床、そこに点在する黒いソファ——外観は明るくまばゆい建築物だが、内装はシンプルで落ち着いた印象だ。そこに黒いツヤなしの筐体と液晶のディスプレイが2階に3台、3階に2台。目立ちすぎず、静かにたたずむサイネージだ（写真17）。

フィンランドの「郵便博物館」では、入り口の左右に2枚の等身大ディスプレイが出迎えてくれる（写真18）。左はクラシックな装いの婦人、右にいるのはこれも古風ないでたちの紳士で、互いにやり取りしたり、こちらを向いて挨拶したり手招きしたりしている。二人の間の廊下の奥には、4枚の液晶をつないだディスプレイ上に、19世紀の郵便局員の衣装を着けた男性が手招きしている。近寄ると郵便局員は画面から立ち去り、ディスプレイには博物館の案内情報が提示される。クラシックでアナログな空間と展示物に、緻密に計算され、美しくプロデュースされたサイネージが融合し、全体を幻想的に演出する。

ロンドンの美術館「TATE Modern」は現代美術のショールームにふさわしく、サイネージを駆使している。タッチパネルで館内を案内するシステム、美術史を映し出すビデオ、親子で遊べる美術ゲーム、同美術館を学ぶシステムなど、さまざまな映像展示が各所に配置され、いずれも鮮やかな深紅のフレームで館内のイメージ作りに貢献している（写真19）。

壁面全体を使ったアーティスティックなサイネージを見せるのは、銀座「シャネル」ビル。雨の日は傘が降ってくるといった映像が流れる。また、お台場の「パナソニックセンター」も壁一面ディスプレイになっており、こちらは身振りで操作できるインターフェースを備える。ヨーロッパではこうした建築物の表面を使ったビデオ映像による表現が「メディア・ファサード」という一つのジャンルを形成しており、アートフェスティバルも開催されている。建築の一部としてデジタルサイネージが組み込まれ、都市の景観を形作っていくのが当たり前になるだろう。壁や道路、地面などをサイネージ化して、街全体がメディアとなる。ビルのオーナーやデベロッパーが土地や建物のバリューを上げるために取り入れていくことも考えられる。

京都、大阪、神戸。師走を迎えると、この三都は光に包まれる。

神戸ルミナリエの、きらびやかな夜の光アートはこの街のシンボルとなった。阪神・淡路大震災を風化させず、震災の記憶を後世に語り継ぐ催しとして、2009年で15回目を迎えた。大阪の中之島エリアを中心としたイルミネーションは「OSAKA光のルネサンス」。温かな光で大阪を元気づけたいという願いのもとに始まった催しで、2009年で7年目を数える。LEDを駆使したアート表現は、街をプロデュースするサイネージの一種とも言える。

そして京都「嵐山花灯路」。渡月橋周辺をさまざまな形の行灯で埋め尽くすライトアップイベントだ。宝厳院の燃えるような紅葉や鮮緑の竹林が淡い白熱球の中に浮かび上がる。竹林の小径は幻想的な黄緑の空間に迷い込んだ気分にさせる。

この世のものとは思えない。しかし、確かにこの国でしかない――そんな空間を演出する常寂光寺に点在するのは、竹の台に和紙を巻き、ろうそくがゆらめく行灯。どこもこの上なくアナログな風情だが、この季節、その場所でしか体験できない空間ディスプレイを浮かび上がらせている点で、サイネージに強く通じるものがある。ひときわ目を引いたのが法輪寺で行われた「D-K LIVE」と銘打つイベントだ。1300年前、行基が開いたこの寺の夜を舞台に、約100万枚の画像を十数面の大型プロジェクターで投影する。遠くに京の町を見下ろす丘の闇にたたずむ寺に豊かな色彩の紋様を映し出し、打楽器の演奏とともに異次元の空間をプロデュースする（写真20）。千年の時空を超え、古来の営みと現代の表現とが、そこでしかないという場所で交差する。サイネージがたどりつく一つの答えだ。

2010年に万博が開催される上海。成長著しいその勢いをサイネージが表現している。天然色の看板が縦横無尽に立ち並び、大小の広告塔がわれ先に主張する。従来のアジア的な看板文化がデジタル化し、動画化しているのが上海のサイネージの姿なのだろう。商店街にはタテ型のディスプレイが数m間隔で配置され、公園のステージやビルの壁面にも巨大な表示システムが埋め込まれている。南京東路にあるNikeの3連LED、歩道の連続サイネージ、浦東の高層ビル一面のサイネージは、どれも圧巻だ。

ソウルもサイネージが街に溶け込んでいる。空港ではフライト情報をはじめ、ファミマのレジ、電話カードの自販機、公衆電話機、ホテル案内、ＡＴＭ、ビビンバ屋のメニュー、スタバ店内の宣伝、ダンキンのカウンター6面。ありとあらゆる場所にサイネージが入り込んでいる。こんなにサイネージな空間は見たことない。22本のタッチパネルが30メートル間隔で並ぶのは江南にあるメディアポール。韓中日英の4カ国語で、プリクラメール、お絵かき、ゲーム、エンターテインメント、ニュースを楽しむことができる。１００インチ級のタッチパネルもあちこちにあふれ、すっかりサイネージ街になっている。

それぞれの国やコミュニティによって、デジタルサイネージの姿も変わる。それがまたサイネージの魅力でもある。町のたたずまいや色彩に気を配り、その街に溶け込むサイネージをプロデュースできるといい。いずれすべての空間がサイネージで埋め尽くされる日がくるだろう。そのとき技術が行き着く先は、「デジタルサイネージがなくなる」ということだ。すべてがメディア化し、五感サイネージとなる。そうなると、もはやサイネージはサイネージとして意識されなくなる。今は「目立つ」ためのメディアだが、いずれは人間社会に自然に溶け込んで「目立たなく」なっていくこと。長期的には、そのような姿になることが模索されていくはずだ。

写真17

六本木の国立新美術館には、静かにたたずむようなサイネージがあり、フロアや展覧会の案内、教育普及事業に関する情報などを表示している

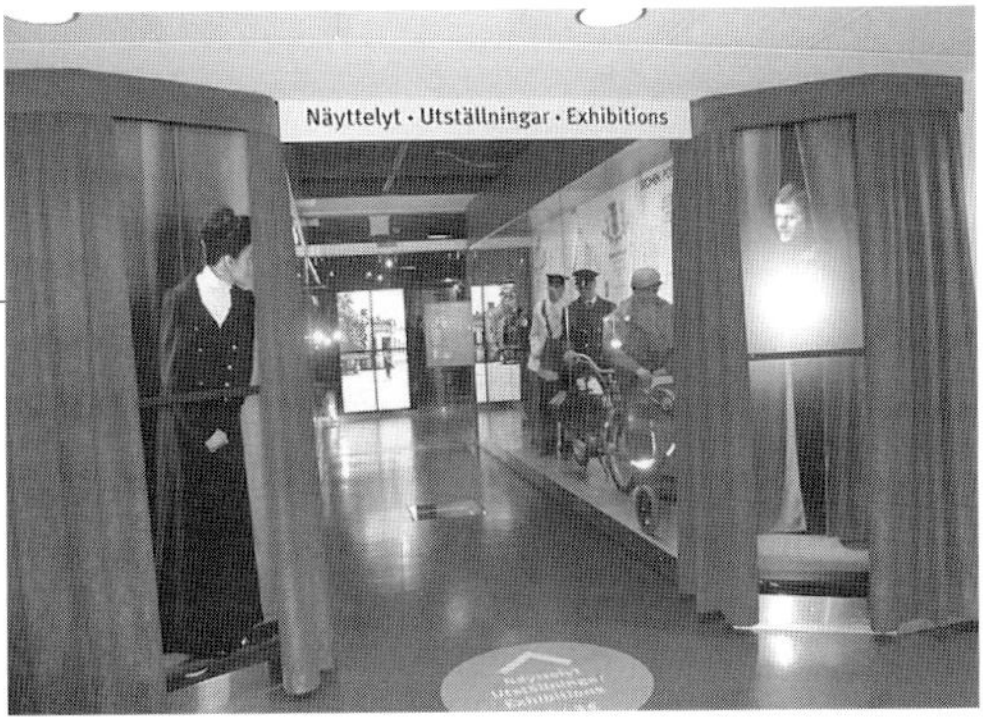

写真18

フィンランドの「郵便博物館」では、入り口の左右にある2枚の等身大ディスプレイが出迎えてくれる

写真19

ロンドンの美術館「TATE Modern」のサイネージ。鮮やかな深紅のフレームで館内のイメージ作りに貢献している

写真20

遠くに京の町を見下ろす丘の闇にたたずむ寺に紋様を映し出し、打楽器の演奏とともに異次元の空間をプロデュースする

Digital Signage

第2章

ビジネスとサービスの展望

ビジネスとサービスの構造

大きな変化の兆しを見せ始めたデジタルサイネージ業界。ここでは、その産業構造と展望を整理してみたい。

サイネージには、ハイ、ミドル、ローの3つのレイヤーがある。ハイエンド層のサイネージ導入は2002年ごろからスタートした。コストがかかっても新しいことに取り組みたい企業がこの層に該当する。たとえば銀行、証券会社、そして六本木ヒルズに入っている企業などだ。銀行や証券など金融機関でのサイネージ導入は、変動する金利の表示など、システムのミスが許されない領域だけに対応が難しい面もあり、サイネージ業界として参入障壁が高い分野だった。

ハイエンド層とミドル層の間に位置づけられるのが、JRや地下鉄といった鉄道機関だ。そして、鉄道以上のレイヤーは、すでに飽和状態の様相を呈している。今後はシステム機器のリプレイス需要が中心で、この先の市場拡大はあまり見込めないと考えられる。市場の可能性は下のレイヤーに降りてくるだろう。

ミドル層は流通系が中心となっている。最初は、自動車や携帯電話などの客単価が高い企業の店舗から導入が始まった。流通系の最後はコンビニエンスストアと考えられていたが、そのコンビニでも予想より早い導入が始まっている。

そして、サイネージ市場はローエンド層まで降りてきた。小規模店舗やオフィスだ。実は、オフィス展開の市場規模は今後最も大きくなると考えられている。今はオフィスに導入する必然性がないためまだ普及してはいないが、遠隔会議用のディスプレイの導入はすでに進んでおり、企業活動における消費エネルギーの〝見える化〟表示サービスなど、新たなニーズとともに普及期は必ず訪れるだろう。

ローエンド層のさらに下に、「パーソナルサイネージ」という世界がある。これは第四のディスプレイと呼ばれる、テレビ、パソコン、ケータイの次のメディアとしてのサイネージだ。第四のディスプレイの最大の特徴は、常時電源をオンにしておけば、いつでも見ることができる時計のような存在であることだ。

アメリカのマーケティング・コンサルタント、ジェフリー・ムーア氏が提唱する「キャズム理論」が、デジタルサイネージの業界にも当てはまる。❶イノベーターとアーリー・アダプターという「初期市場」と、❷アーリー・マジョリティとレイト・マジョリティからなる「メジャー市場」とが存在し、その間には、越えることが難しい大きな溝「キャズム」が存在するという理論だ。サイネージに関して言えば、前述の「ミドル層」がその溝に相当する。

❶イノベーターというのは、まだ誰もトライしたことのない、新しいものを持ってくること

に価値があると考える企業であり、サイネージでいうところの銀行、証券会社などだ。アーリー・アダプターは、イノベーターの動きを見て自分たちも取り組んでみようと考える企業。そこまでは、市場はすぐに広がるが、イノベーター及びアーリー・アダプターはごく少数である。

❷これに対して、アーリー・マジョリティは、しっかりと実益が見えないと取り組まない。サイネージの世界でいうと、効果を示す指標などを確立し、きちんとそのメリットなり導入効果を説明できなければならない。また、その要求コストも非常に厳しい。

これらの厳しい要求（溝）を乗り越えることができるサイネージ企業のみが生き残ることになる。今、サイネージ業界は、発展が期待されると同時に、溝に落ちる企業がたくさん出てくる時期にさしかかっていると見られている。しかし、この溝を乗り越えない限りは、明日のメインストリーム市場はない。

サイネージのシステムは、ディスプレイ、プレーヤー、ネットワーク、サーバーで構成される。その普及における課題はコストダウンだ。特にプレーヤーの低価格化が求められている。現状では、パソコンがプレーヤーとして使われることが多い。パソコン以外に、より小型で低価格なセットトップボックスタイプの端末もあるが、現状ではまだパソコンに分がある。パソコンは、高性能・低価格化が進んでいる。一方、セットトップボックスは、値段は安いが、性能がパソコンより劣る点が課題だ。そして市場は、1台当たり1万円程度の価格になることを要求している。しかし生産側としては、安いものを作りデフレスパイラルに陥ることは避けたい。またサイネージ業界では、そのデフレスパイラルがすでに来ているという声がある。

システム事業の発展段階には、一般的に①デバイス→②ソリューション→③サービスという流れがある。新しいシステムができた時点で最も経済価値があるのは①のデバイス。サイネージで言えばディスプレイだ。当初は42インチのディスプレイが120万円程度だった。120万円でも導入したい！　というところから市場が始まった。その後、デバイスは、量産、低コスト化を目指すが、同時にそれは自らの価値を失うことになってしまう。やがて競合他社との競争や価格圧力の中で苦戦するようになり、その結果、セット販売などの組み合わせ商法に価値を見いだすことになる。

次に訪れるのは②のソリューションの世界だ。ソリューションは、現場でさまざまな方法を組み合わせて高度な要求を可能にする世界。このあたりからメーカーとしては別会社化、子会社化することが多くなる。ソリューションは、技術力や資本力が求められるデバイスと比べ障壁が低いことから、参入する企業が一気に増える。

ソリューションが展開していくと、標準化、低価格化、パッケージ化などの圧力がかかり、より簡単に導入できるようにしようという動きが起きて、③サービスのフェーズに入る。いまサイネージ業界はソリューションからコンテンツ・サービスのあたりにいると言っていいだろう。だが、その世界で生きていける人の割合は1／100くらいしかないと見られていることも確かだ。そして、この発展段階の流れは輪にはならず、デバイスに戻る日は訪れない。コンテンツ・サービスの次は、イノベーションという別の世界を目指すしかないだろう。

デジタルの世界ではイノベーションが容易に起こり、そのサイクルはとても速い。デジタルの性能には、20年間で約100万倍の変化があった。物の価値が100万倍変わったのと同じことだ。しかし、飛行機や車などは、性能がよくなったといっても2倍程度。普遍的な物理学を越えて発展することができない。だが、0と1に置き換えられる世界はレバレッジが働きやすい。デジタルは、人類が今までに経験したことのない激変の世界なのだ。

サイネージ業界において今必要なのは、溝を乗り越えるイノベーションだ。招き猫や看板の代わりに、商店街がサイネージを導入するレベルまで市場を拡大する必要がある。ダウンサイジング化のためのコストダウン、ネットワーク化、そして豊かなサービスとコンテンツが求められていく。

⊞ 総合的なサービス戦略

デジタルサイネージは、ディスプレイ、ネットワーク、コンテンツのトータルサービスビジネスだ。その全領域を総合的に展開しようとする企業がある。ピーディーシー株式会社の菅原淳之社長に、総合サイネージビジネスの戦略を聞いた。

【グローバルな展開も視野に、サイネージのトータルサービスを目指す】　ピーディーシー株式会社

ディスプレイの販売だけではなく、コンテンツ制作と配信運営も行い、お客様の売り上げや集客に直結するサービスを提供したいという思いから、2001年にパナソニックの社内ベンチャーファンドで当社を立ち上げました。

創業当初は、広告収入モデルでスタートし、地下鉄新宿駅に10台のサイネージを設置。しかし、当時は代理店もなく自ら広告集めに奔走しましたが、なかなか広告が集まりませんでした。当時、大手企業は広告代理店にお金を預け、メディア戦略をトータルに提案してもらう仕組みがあり、大手広告代理店がサイネージ枠を持っていないと広告展開は難しかった。そこで、2002年から広告事業はロケーションオーナーに任せて、システム構築やコンテンツの制作・

配信運営などのソリューション（サイネージを使った問題解決）ビジネスに転換したのです。

ソリューションビジネスとして、最初に手がけたのは「六本木ヒルズ」。森ビルの「街はメディアである」という発想の下、大手デベロッパーとしては初めて六本木ヒルズへの大量のデジタルサイネージ導入を行い、2003年5月のオープン時で300台弱のサイネージを設置しました。

森ビルがサイネージの設置と広告集めを、当社がシステム構築、コンテンツ制作、配信運営をそれぞれ担当しました。結果は大成功。成功の理由としては、サイネージとバナーやチラシを組み合わせたメディアミックスがうまく機能した点。またサイネージは、施設案内やイベント情報など、その場所ならではのライブな情報を告知することが大切だという点も学びました。

同じサイネージでも、利用するお客様により導入目的は異なります。最も重要なことは、設置する目的を明確にすること。情報提供なのか、広告なのか、それとも集客か？　それによってサイネージのシステム、コンテンツ、ビジネスモデルはまったく違ったものになるのです。

例えば、「六本木ヒルズ」の場合はイベント情報や広告を出すことが目的なので、オーディオビジュアルな映像コンテンツが中心で、CM映像のような動画コンテンツが多い。これに対して、三井不動産が運営する「東京ミッドタウン」は、施設を日本の新しい価値として世界に向けて発信する「ジャパンバリュー」をコンセプトとしており、ジャパンバリューの一つである「おもてなしの心」、特に「外国語対応の館内インフォメーション」をサイネージで表現することが中心になります。そのため、タッチパネルでの施設案内など1対1（ワントゥーワン）のコミュニケーションを大事にしています。音はあまり必要なく、Ｆｌａｓｈコンテンツ中心でトイレや喫煙スペースの位置、個室のある和食屋など、施設を分かりやすくご案内する。外国の方向けに多言語化する一方で、広告情報は放映データの2割以下に抑えています。

「羽田空港ＪＡＬカウンター」のサイネージの目的は、さまざまな年齢の通行者に無理なく同じ情報を見ていただくことであったため、「ユニバーサルデザインコンテンツ」を一番に考慮し、高齢者の方や色覚障害の方にも見やすいサイネージを構築しました。銀座の「資生堂本社ショールーム」のサイネージは、企業文化発信とブランディングが目的です。デジタルとアナログを融合した新しい形のショールームで、資生堂の文化、歴史、経営理念をサイネージと空間演出によって発信しています。

地域活性化を目的としたサイネージを導入したのは、自治体の「千葉市」です。商店街への誘導を目的に千葉市が設置を行い、商店主が自分のパソコンから無料で店舗の販促コンテンツを配信することで運営費を抑える仕組みです。この事例では、納入当初30店舗だった参加店舗が今では２００を数えるほどになりました。駅前の屋外サイネージで店舗を検索し、ケータイをタッチしてクーポンを受け取ってから来店するお客さんが増えてきました。参加店舗数が増えるよい仕組みとのスパイラルが生まれています。内容の更新が多い店舗ほど、画面の最上位に表示される仕組みで、店舗の参加意識と情報鮮度も高まります。すでに街のコミュニケーションツールとして当たり前の存在になりつつあるのです。

最近では、サイネージ納入後の効果測定を求められる傾向があります。そこで当社は、サイネージへのタッチ数、クーポンを入手した人の数、参加商店が更新するコンテンツ数を測定し、千葉市に毎月報告しています。今では月1万数千回という高いタッチ数を数えるようになりました。

ＪＲ東日本の池袋駅の山手線ホームに設置した新型自動販売機スペース「mediacure」も大きな効果が期待されています。自動販売機と高輝度屋外サイネージなど3台が一体になったもので、隣のホームや電車に乗っている人からも見えるように工夫しています。

mediacureでは、各飲料のスポンサーが1商品のみの宣伝を2カ月単位で行い、スポンサード企業に合わせて自動販売機の中身やサイネージのコンテンツ、バナーも変えます。4月にオープンし、3カ月後に駅利用者1000人のアンケートを取ったところ57・2％の人が認知し、12・3％の人が実際に購入していることが分かりました（「日経ＭＪ新聞」記事による）。驚異的なコンバージョン率で、「広告している商品がすぐに買えて便利だ」といった声も聞かれるなど評判もよく、mediacureの高い効果を受けて、自動販売機とサイネージを連動したシステムの商談も進んでいます。

最近は、「TSUTAYA」などフランチャイズ系のお客様からのサイネージ導入依頼も増えてきました。店舗にはモニターがすでにあり、これまではDVDやコンパクトフラッシュを配布してコンテンツを流していましたが、経費削減やオペレーションの合理化を考えて本部からネットワークで配信できる仕組みにできないか？　というご相談を受けています。昨年、既存のPOS回線でコンテンツ配信ができるクラウド型のネットワークサイネージをTSUTAYAに導入したところ、店舗に既設した民生テレビにセットトップボックスを設置し、POS回線につなぐだけで20分後には自動的に販促コンテンツ放映が開始されました。セットトップボックスを各店舗に宅急便で送り、店員さんがモニターとつなぐだけで、ネットワークサイネージが利用可能になるのです。

基本コンテンツは、本部から配信するほか、店舗枠も用意しているので、店舗独自のコンテンツを店長が携帯電話から登録・配信といったことも可能です。デジタルサイネージのよさは思いついたときにすぐにコンテンツを変えられること。しかも、すべてケータイで操作できる点ではないでしょうか。

東京ミッドタウンなど大型施設に導入する際には、竣工の数年前より設計事務所やゼネコンとともに企画段階から一緒に検討します。設計当初から参画しておかないと、サイネージはどうしても後回しにされ、効果的な場所に設置されないケースが出てきます。ほとんどの設計事務所は、デジタルサイネージの設置経験がまだあまり多くないため、看板と同じように扱われてしまうことも少なくありません。

大型商業施設の中でデジタルサイネージをトータルにプロデュースするには、十分な経験とＩＴの知識が必要です。サイン・看板会社の中にも筐体デザインや設計ができる人はいますが、デジタル技術の特性を知らないことも多いため、当社の役割は大きいのです。日光が直接当たる明るい場所には液晶が、館内など暗い所ではコントラストの高いプラズマがいい。65インチ以上になると値段が上がるため、手軽に導入するには、32インチから50インチ程度のモニターがいい。また、モニターによって色温度が異なる。同じ写真の口紅の赤でも、モニターによって再現される色が違う——こういった基本知識を十分持っておくことが不可欠になります。

現行のサイネージ機器の一番の課題はモニターの重さだと考えています。薄型になっているとはいえ、ポスター程度の重量で簡単に壁に張れるようになってほしい。また、日本では設置コスト（人件費）のほうが機器代よりも高くなることも多く、設置コストをかけないデジタルサイネージが必要になってきます。電源も今の電気供給でなく、ソーラーパネルなどで自立的に供給できるようになると、設置できるロケーションは広がるでしょう。

今後の夢は、お客様に海外グローバル展開と空間デザインを含めたトータルな提案をしていくこと。店舗空間への提案では什器＋内装の雰囲気を含めた提案をしていきたい。バーチャルな世界ではデジタル技術が進んでいますが、リアル店舗でのデジタル技術はまだまだと思います。リアル店舗でもデジタル演出やデジタル販促で効果が上がったという事例をつくりたい。デジタル技術を使い、リアルな店舗でリアルな売り上げにつなげ、顧客のブランドイメージを大いに上げていきたいと考えています。

サイネージでのグローバルなビジネス展開は重要です。海外に行くとサイネージの映像クオリティが美しくないものも多く、我々日本人としては自信がつく。日本人らしい質感、ものづくり意識を徹底し、世界に進出したい。日本企業でグローバル展開している化粧品会社や自動車会社など、色やクオリティに付加価値を持つ企業のソリューションを今後は多く手がけていきたいと思います。

⊞ 印刷技術と情報技術の結合

総合的なサービス戦略のもう一つの事例として、大日本印刷株式会社（ＤＮＰ）を紹介したい。印刷会社としてのコンテンツ企画・制作力を生かし、デジタルの分野でもトータルな展開を試みている。そして、日本の強みを存分に活用したハイエンドなサイネージ分野で世界市場を狙う。ＤＮＰの閑 郁文氏、野崎耕司氏に、印刷会社ならではの視点とその戦略を伺った。

【印刷会社だからこそ実現できるソリューションサービス】　大日本印刷株式会社（ＤＮＰ）

２００４年ごろから、部署ごとにハード機器の販売やコンテンツ制作とその配信に取り組んできましたが、２００８年10月1日に改めてデジタルサイネージプロジェクトチームを立ち上げました。半年間の検討期間を経て、２００９年４月1日に、デジタルサイネージ推進本部が本社組織として発足しました。アナログの印刷物が音を立てて崩れ始めたことを受け、紙からディスプレイへと媒体を移行する必要性を身をもって感じていましたが、その流れが想定以上に速く、ＤＮＰとして本格参入を決意したのです。

印刷会社は、これまで扱ってきた印刷物のデータをポスターからディスプレイに、アナログからデジタルに変えるだけでどちらにも利用できるのではないか。その点で、サイネージは印刷会社が取り組むべき領域だと考えています。しかし、あくまでも印刷会社ですから、印刷そのものを見捨てるつもりは毛頭ありません。当社は、Ｐ＆Ｉソリューションの提供を数年前から提案しています。Ｐ＆ＩのＰはプリンティングテクノロジー（印刷技術）、Ｉはインフォメーションテクノロジー（情報加工技術）。紙には紙のよさがあり、すべてがデジタルになるということではなく、アナログとデジタルを融合させていくことが大切だと考えています。

ディスプレイのまわりに、アナログのサインを掲示して目立たせることも一つの方法です。高齢者にはカタログやチラシなどの印刷物も必要ですし、紙には紙の役割、デジタルにはデジタルの役割があります。

当社の製品の一つである、6連12ディスプレイの「トールビジョン」は、ディスプレイとディスプレイの間に、わざと隙間を残しています（写真21）。これはポスターの「連貼」をイメージしているんですね。普通の企業であれば、大きなディスプレイを作るか、隙間ができないようにディスプレイを組み合わせる設計をする。しかし、印刷会社としては、ポスターを1枚1枚貼り替える手間をかけずにコンテンツを変えられますよ、という特徴を打ち出したい。

全体を使ってもよし、上下でも、2分割でも、4分割でも表現できる。大型ディスプレイの画面上に線を入れて分割をしたとしても、人間はあくまでも1画面としてとらえます。ディスプレイ間の隙間がなければ、分割して別のコンテンツを流したとしても、協業やタイアップのイメージを勝手に持たれるといったことが起こります。そこで、当社としては、あえて隙間をあけて、はっきりと区分できるようにしたのです。お客様からは、「逆転の発想が面白い」「一線を画すことで、全体表現も、個々の打ち出しもできるのがいい」と高い評価をいただいています。仙台のコンコースでの実証実験においても、当初は年内まではＪＲの宣伝のみの予定でしたが、お問い合わせが多かったため前倒しで10月から第三者広告を入れています。

丸善で展開する「マルエムビジョン」では、サイネージやケータイから折り込みチラシやしおりまで、トータルに設計し提供しています（写真22）。

当社は、コンテンツの企画・制作、運営・配信、保守・メンテナンス、効果測定、検証までワンストップでトータルなサービスを目指しています。また、ＤＮＰならではの付加価値の高いディスプレイの提供も行っています。サイネージのプレーヤーには、メーカー、代理店、ＳＩ、ベンチャーなど、さまざまな企業がありますが、総合印刷会社が一番近い位置にあるのではないか、総合印刷会社はサイネージに関する数多くのリソースを持つ数少ない会社ではないかと考えています。

さらに、当社は印刷・出版を担う情報コミュニケーション分野、ディスプレイのカラーフィルターなどを開発するエレクトロニクス分野、電子ペーパーなどの新技術を開発する研究所という3つの分野に携わっている。この3つの分野が連携することで、最新のリソースを集めた最適なサービスの提供が可能になります。

唯一の弱点は集稿に必要な代理店機能を持っていないこと、そして独自の媒体を持っていない点です。しかし、広告・宣伝・販促――の手法が大幅に変わりつつある今、広告代理店と印刷会社など業界の境もなくなりつつあるのではないでしょうか。

いまこそ千載一遇のチャンスであると認識しています。これからは、集稿業務も媒体の保有も担い、本当の意味でのワンストップサービスを提供していきたい。サイネージはいろいろな意味で革命を引き起こす可能性があると見ています。

重要なのは、我々が「総合印刷会社」だということ。小さい印刷会社もサイネージに取り組むことはありますが、それとは差別化を図りたい。印刷物は、多品種小ロット化やプリンターの高性能化が進み、小さい印刷会社のほうが優位な部分もあります。かかる経費が大きい分、当社は価格だけの勝負では難しい。そこで、研究所や、エレクトロニクス分野の知見を融合し、ハイエンドを狙う。デジタルの仕事をつくることで、付随する印刷業務も一緒に受注するモデルにしていく。「I」が「P」を下支えする。それが総合印刷会社の強みになるはずです。

現在は、色味にこだわったディスプレイを実現するLSIの開発に取り組んでいます。ディスプレイは、同じメーカーの同じ型番のものでも黄色っぽい白、赤っぽい白など個体差があり、それがコンテンツに与える影響は少なくありません。同じ赤でもコーポレートカラーはすべて違いますし、浅黄色といった中間色とグラデーションにこだわるのが日本です。色にこだわりを持つ日本では、ディスプレイでも色味を忠実に表現したいというお客様が必ずいらっしゃいます。また、アメリカやヨーロッパでは色というのはついていればよいという時代が長く続いてきましたが、そのアメリカ、ヨーロッパでさえも、色味を重視する時代が訪れつつあります。

日本文化が世界を先取る。品質にこだわるものづくりの国だからこそ色味にもこだわりたい。ディスプレイ間の発色はもちろん、ディスプレイと印刷物の色も近づけます。難題ですが、百数十年におよび、色で苦労してきた印刷会社が取り組む意味がそこにあるのです。

また、当社は秀英体という書体も作っています。明朝体をディスプレイで見ると、見る角度によっては、横線が細くなり見えづらい。そこで秀英横太明朝というディスプレイに適した書体を作り、今年から活用を始めました。２０１０年６月には秀英体のゴシック体のリリースも控え、印刷会社らしく書体にもこだわっていきます。

印刷会社だからできる自由な発想を大切にしたい。そして、唯一の成長産業として期待されているサイネージ市場が健全に拡大してほしい。多くの成功事例が生まれてほしい。ＤＮＰ一社だけが、一人勝ちをしようとは思っていません。サイネージに関わる業界関係会社が一丸となって、チームジャパンとして取り組み、今後は日本がお手本として世界に注目されることを願っています。

写真21

6連12ディスプレイの「トールビジョン」は、ディスプレイ間にわざと隙間を残している

写真22

丸善で展開する「マルエムビジョン」では、サイネージやケータイから折り込みチラシやしおりまで、トータルに設計している

田 商業施設におけるサイネージ

空間とメディアを一体化するデジタルサイネージ。その効果が最も発揮されるのが商業施設だ。商業エリアのオーナーや施設設置・施工者はこのメディアをどうとらえているのか。施設にとってのメリットは何か、そして課題は何か。森ビル株式会社の中江川 潤氏と天野圭子氏、株式会社丹青社の小林 統氏と若松正人氏、鈴木朗裕氏に話を聞いた。

【「街」をひとつに結ぶメディアとしてのサイネージ】 森ビル株式会社

「街はメディアである」。森社長の言葉だ。六本木ヒルズは、オフィス、店舗、住宅、映画館、イベントスペースなど、多様な機能が共存するエリア。それが、森ビルの街づくりのやり方だ。複雑な街の情報を、利用者に映像で分かりやすく伝えるサイネージを街中に設置している。

「テレビ局をつくりたい」。これも森社長が六本木ヒルズの構想にあたり繰り返していた言葉です。その言葉がサイネージの導入を後押ししました。サイネージはリアルタイムに情報を提供できる唯一のツールとして活躍しています。

エリアをセグメント化して情報提供できるサイネージの特徴を生かし、オフィスエリアと商業エリアなど、設置場所によって流す番組やコンテンツの表現を変えています。当初は、六本木ヒルズ入り口の大型ビジョンが最も効果的な情報提供の場所と考えていましたが（写真23）、エレベーターのほうが視認性が高く、利用者にダイレクトに情報を伝えられることが分かりました。

商業エリアには50インチのプラズマディスプレイを設置し、イベントや店舗キャンペーン情報などを流しています。情報を効果的に提供するために、紙、Web、映像の担当が1つのチームとして連携。映像とWebでは情報の種類は同じでも、その役割は異なります。まず映像で利用者の目を引いてWebに誘導し、そこで詳細情報を与える、といった流れを作るなど、メディアミックスを意識して各ツールを最適な方法で利用することを心がけています。

約270のディスプレイには29チャンネルが稼働しており、クリスマスなどの繁忙期には、週に3〜4回ほどコンテンツを更新しています。特に高い頻度で更新しているのはワーカー向けの情報で、各テナント企業に来訪するお客様も重要な告知対象と考えています。

六本木ヒルズは、ひとつの街という概念で総合的なビジネスモデルを構築できることが強みです。広告を目的とした街頭ビジョンと違い、ビジョン単体ではなく、ほかのメディアやスペース・施設収入、家賃など、総合的な経済効果が考えられます。

六本木ヒルズを皮切りに、新しい物件を建設する際にはエレベーター・スペースへのサイネージ導入が標準になりました。今は、アークヒルズ、愛宕グリーンヒルズ、オランダヒルズ、赤坂榎坂森ビル、そして平河町森タワーへも導入されています。

平河町森タワーでは、太陽光エネルギーによる発電量とCO_2換算した数字をリアルタイムに表示するエコサイネージを展開しています。森ビルのエコに対する取り組みを視覚的に訴えることができる仕組みです。

サイネージを展開して行く上で、3つの課題があります。1つ目は効果が分からないこと。現時点では効果測定ができていません。これについては、タッチパネルやモバイルなどを使ってデータを収集し、より効果的なサイネージを実現したい。

2つ目は、運営の負荷が大きいこと。年間300本を超えるコンテンツを制作・配信していますが、その経費や作業量はかなり大きくなります。誰もが簡単に映像を作り、配信できるシステムを標準装備したい。

3つ目は、広告収入を増やすこと。クロスメディア展開など、CMをただ流すだけではない収益モデルを構築したい。すでに、イベントや広告メディアなどと連動して、六本木ヒルズをジャックするなど多様なサイネージの利用の仕方をクライアントに提案、実現していますが、時代に合った方法を常に開拓する必要があります。

今後の展望として、モバイル連動の強化と、ミッドタウンなど近隣エリアの他の商業施設との連携が考えられます。例えば、六本木ヒルズは複雑で、紙に印刷した地図では伝えきれない部分もあります。そこで、モバイルツールを使って自分の位置を感知し、目的地をセットするとナビゲーションしてくれるようなシステムなどは非常に有効なサービスになるはずです。

【現場から見た現在の問題点と今後の展望】　株式会社丹青社

当社は、つくばエクスプレスの開業にあたり、駅とその周辺の商業施設および街の開発を手がけるコンサル会社を立ち上げた２００６年からサイネージに関わることになりました。しかし、商業施設内でのサイネージの導入はあまり進んでいないのが現状です。その理由としては、総合プロデューサーがいない点、商業施設内でのサイネージを導入したビジネスモデルがまだはっきりと見えない点が挙げられます。

施設設計にあたっては、当社が総合プロデュースを担当し、サイネージの設置はメーカーが行います。「ここにサイネージが入るよ」と言われてからスペースを確保し、その上で空間デザインをせざるをえない状況です。その結果として、環境にマッチしないサイネージが導入されているケースも少なくありません。またクライアント側でも、施設開発部署とサイネージを実際に運用する部署が異なる場合が多く、メーカーと当社が、それぞれの部署にバラバラに提案を行ってしまうために、実現に至らない案件が発生することもあります。

本来はサイネージを設置するメーカーとの良好なパートナーシップが不可欠ですが、双方の作業をパラレルに進めてしまっているのが現状です。計画段階から連携が取れれば、環境に最適なサイネージを導入できるのではないかと考え、当社内でもメーカーをクライアントとするセクションと、商業分野をクライアントとするセクションの2つの部署が連携して事案を作ろうとしています。現時点では、サイネージの設置・運用を含めたトータル・プロデュースを行っている企業は多くありませんが、当社は業務内容的にも、そのポジションを取るには近い位置にいると考えています。また、サイネージのシステム設計やコンテンツデザインについては、それらを得意とするメーカーとのコラボレーションなど最善の策を打ち出していきます。

導入が進まない2つ目の理由は、商業施設にサイネージを設置したときのビジネスモデルが描けないこと。商業施設において主役は商品です。既存のサインを利用した安全な誘導を優先し、サイネージの導入は次のステップという認識で新たなイニシャルコストを抑えようとする傾向にあります。導入するとしても、ランニングコストを各テナントから媒体費として徴収するのか、施設側のサービスとして提供するのかが見えてこない。あらかじめ収支を考えた上で設計しないと、活用されない、更新されないシステムになってしまう——といった事態になりかねません。

その一方で、ある時点から一気にサイネージ化が加速するという予測もしています。サイネージ導入の意識を持った企業は増えつつあり、コストに見合う提案が適宜できるようになれば、導入機会は増えるでしょう。当社では実際に、商業施設を担当する部署がメーカーと組んでサイネージを活用した環境デザインの提案をデベロッパーに向けて行う機会を増やし、まずはきっかけづくりに力をいれています。

今後は空間プロデュースとしてのサイネージに取り組んでいきたい。リアルの場でバーチャルに情報を見せる、ネットワーク配信によるバーチャルな情報と、リアルな店舗スペースとの融合が可能になる瞬間です。ひょっとしたら商品在庫を全部そろえなくても店舗が成り立つ日が来るかもしれませんね。

写真23

六本木ヒルズ入口の大型ビジョン（上）
とエレベーター内のディスプレイ（下）

地域の活性化方策

デジタルサイネージは、設置する場所によって自在に変化するメディアだ。ここでは地域に根ざしたサイネージの代表事例を2つ紹介しよう。東京・秋葉原や神田エリアでメディアミックス型のユニークな展開をみせるストリートメディア株式会社と、福岡市内で面的なサービスを提供するCOMEL株式会社。この2社は、ともに高度な技術を使いこなす企業だ。現場ニーズをどうすくい取るかがポイントとなるローカル展開において、双方に共通しているのは、ローカルの特性を踏まえ、地域を巻き込んだサービスを展開している点。利用者と広告主の両方に向き合うストリートメディアの大森洋三社長と、COMELの弓掛正史社長、深掘菜生氏に話を伺った。

【地域に一歩踏み込んだコンテンツ展開を取り入れた、街に溶け込むサイネージ】

ストリートメディア株式会社

その街に暮らす人々にとってうれしい情報を、その街でしか見られない映像とデータで届けるストリートメディア社。同社は、神田商店街と秋葉原に、非接触IC技術「FeliCa」端末を搭載した「Touch！ビジョン」を設置し、配信・運営するサイネージ事業に取り組んでいる。

2008年12月から3カ月間、東京MXテレビの地上デジタル放送波で、試験的にサイネージへの情報配信・運営を行い、実験は成功しました。当社のサイネージには、FeliCa機能付きのケータイをかざすと、買い物に利用可能なクーポンをケータイに送信する機能が搭載されており、商店街の活性化に一役買っています。

あくまでも街が主役ですから、サイネージを設置するメリットが街の側になければうまくいきません。約60台を設置した神田では、地域で共有できる価値観作りに力を入れた結果、最適な場所にサイネージを設置するなど各店舗の協力を得ることに成功しました（写真24）。ショーケースの中の食品サンプルを移動したり、配置換えを行ったりなど、各店舗が無理をしてでもサイネージを置くスペースを作ってくれるという気運が高まりました。各店舗に設置した「myサイネージ」を商店街全体で共有し、お店の情報とともに広告やお知らせなどもインプットしていただきます。

商店街の方々に喜んでもらう工夫はほかにもいくつかあります。たとえば、店長が出演するコンテンツは、ルーレットで選びます。ルーレットが止まった店の店長が自らお店の宣伝を行うことで、認知度を高める効果があります。気さくなおばちゃん店長の映像を見たら、悪い店だと思う人はいません。「あの映像見たよ!」といった会話のきっかけにも一役買っています。

毎時間時刻を知らせる「店長の時報」も独自のアイデアのひとつで、たとえば19時の長針と短針を店長が両手を使ってポーズで示します(写真25)。サイネージは24時間流し続けると飽きられ、価値がなくなってしまうことがあります。思い出したように時々流れるくらいがちょうどいい。また、こうした企画に街全体が参加できるような関係を築くことで、サイネージが街の厄介者になるのを防げるのです。

秋葉原のサイネージは、中央通りを中心とした約20カ所に設置し、アキバ系特典商品の総合情報Webサイト「僕のアキバ・com」の情報を配信しています。アキバを訪れた際、その日にもらえる特典商品の情報をサイネージからゲットするという流れの中で、まずTouch!ビジョンに接触する習慣をつけてもらうのが狙いです。

また、Touch!ビジョンにWiMAXとモバイルルーターを組み入れたサイネージも設置しました。サイネージに近づくと、ノートパソコンやiPhoneが無線LANにつながって、そこからお得な情報を引き出せる仕組みです。アキバではネットを使える場所がとても少ないため、このサイネージの周りに人が集まるようになりました。ここに来ればサイネージが発信するアキバの情報もあり、さらに自分の情報にもアクセスできるという安心感を提供するメディアをつくることができたと思います。

サイネージの特徴は、その土地ごとにテーマ性を持たせることができること。ＴＰＯの軸がしっかりしているため、インターネットで展開するＷｅｂサイトよりもコンテンツを設計しやすいのです。神田・秋葉原の事例で、いくつかのテーマに対する素地が作れたので、ほかの地域にもそれを流用していきたい。

サイネージは、94年ごろのインターネットを取り巻いていた環境と似ています。サイネージへの期待感はあるものの、まだ正式エントリーの軸を持てる状況にはない。Yahoo!、infoseek、gooなどさまざまなプレーヤーが登場し、ネットバブル崩壊まで伸び続けたネット業界のように、サイネージに挑戦するプレーヤーが増えてくればいいのですが。２０１０年は、競い合い、連携しながら、みんなでサイネージというメディアの価値を高めていくことが大事になってくると思います。

写真24

「FeliCa」を搭載した「Touch!ビジョン」を設置し、配信・運営するサイネージ事業に取り組む

写真25

長針と短針を店長が両手を使ってポーズし、時刻を示す

【住民一人ひとりが参加可能な「街メディア」づくり】　ＣＯＭＥＬ株式会社

ソフトバンクグループのＣＯＭＥＬは福岡市内一帯にサイネージを設置し、１日約１３０万人の生活者にリーチ可能な「福岡街メディア」を展開している。事業を開始した２００７年３月の時点では64台だったサイネージ設置台数が、現在までに約５００台まで増加した。

ビジネスモデルは広告収益モデルです。ロケーションオーナーに設置場所を提供してもらい、その対価として設置場所に関連する情報を流すロケーションオーナー放映枠を提供します（写真26・27）。クライアント広告の8割はナショナルクライアントで、残り2割が地元の放送局、不動産などローカルクライアントです。まだ街ナカの看板に出稿しているクライアントも多いため、サイネージの優位点やよさをきちんと伝えていければ、ローカル広告のマーケットはもっと可能性があるはずだと期待しています。

「福岡街メディア」の編成は、クライアントによる広告、福岡ソフトバンクホークス情報、そして設置ロケーションオーナーの情報が3分の1ずつ同じ割合で配信されています。設置ロケーションオーナーは施設情報を自分の枠の中で自由に放映することができますが、コンテンツ制作のための時間やコストの問題で、頻繁にコンテンツの更新を行うことが難しいオーナーも出てきます。そのため携帯メールでコンテンツの更新を容易に行えるシステムをこうしたオーナーの皆さんに提供し、活用されています。

広告のクリエイティブではテレビＣＭをそのまま流したいと希望するクライアントが多かったのですが、街ナカではテレビＣＭをそのまま流したのでは内容が伝わりにくいため、コンテンツの見せ方を含めた提案をしたところ、最近はクライアントからもロケーションオーナーからもサイネージのオリジナルコンテンツを作りたいという希望が増えてきました。これはサイネージが浸透し、コンテンツ面での理解が進んだ結果ではないでしょうか。

事業開始当初は「うちの施設にも置いてください」と言われるような認知度の高いメディアに早くなりたいと思っていましたが、今では費用対効果を考えて設置をお断りしなければならないケースも出てくるようになりました。広告も「出してください」とお願いする立場から、「出したい」と言われる日がくるよう営業を続けています。

サイネージは街ナカのインターネット端末だという考えに基づいて、コンテンツを企画しています。現在配信しているすべての情報コンテンツは、インターネット上にすでに存在しているものを活用し、文字のサイズやその配置、音の出し方などをサイネージに最適な形で実装する方法をとっています。例えば、ホークスの公式サイトと連動してホークスの試合情報をリアルタイムで表示していますが、それはサイネージ用のオリジナルテンプレート上で試合状況に応じて自動的に情報を更新しています。Yahoo!のニューストピックスなども同様です。

「街メディア」という名称をつけている以上、地域の方々と密接に関わるような企画は欠かせません。その一つにホークスへの応援メッセージがあります。ケータイでユニホームを着た自分や子供の姿を写真に撮り、メッセージを添えてメールで送信すると、街ナカのサイネージでそのメッセージが放映されます。ホークスの公式サイトとサイネージ上だけでの募集告知であったにもかかわらず、1カ月間で約450件のメッセージが寄せられました。こうしたことからも分かるように、福岡市のサイネージ媒体認知率は8割に上り、アンケートではその半数以上が広告の内容を覚えていると回答しています（図8）。

また地域密着型サイネージの役割として、警察の防犯情報も流しています。痴漢・ひったくりなど、警察が市民の携帯電話宛に送信している防犯情報メールをサイネージに適切な形式に変換して放映を開始したところ、地元では、警官が巡回するのと同様の効果があるとの評価を受け、地域の防犯意識向上につながると好評です。こうして評判が上がることによって、福岡市など自治体からも防災情報を発信してほしいという要望が出てくるなど、サイネージは街に浸透し始めているといえます。

事業開始当初は福岡街メディアと同じモデルでサイネージを全国に広めたいと考えていましたが、展開には多大な時間と多少のコストがかかります。そのため自力で次々と街メディアを展開するのではなく、他のサイネージ事業者との連携で全国に展開するほうが早いのではないかと考えています。ネットワークを構築して、どのサイネージともつながり、コンテンツを流通しあう状態になることこそサイネージの目指すべき方向ではないかと考えます。

今後は、サイネージの社会的インフラ化も促進し、人々の生活に溶け込んだ日常的なメディアにしていきたい。その一歩として「デジタルサイネージ」という言葉も、もっと短く親しみやすい言葉にしていければと考えています。

写真26

COMELは福岡市内一帯にサイネージを設置し、1日約130万人の生活者にリーチ可能な「福岡街メディア」を展開している

写真27

福岡街メディアの一環となる福岡空港のサイネージ

図8

●媒体認知率

Q.「福岡街メディア」を
見たことがありますか?
N=1000(対象者全体)

■ 確かに見たことがある
■ 見たような気がする
■ 見たことはない

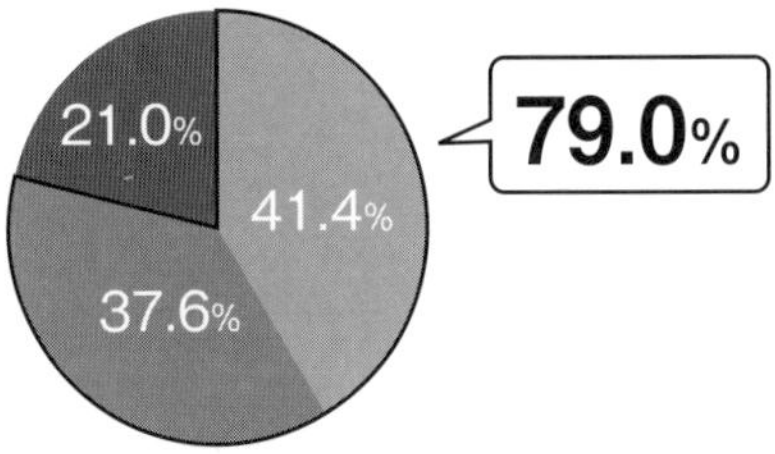

●広告注目率

Q.広告の内容を
覚えていますか?
N=790(媒体を見た人のみ)

■ 広告内容を覚えている
■ 広告内容を覚えていない

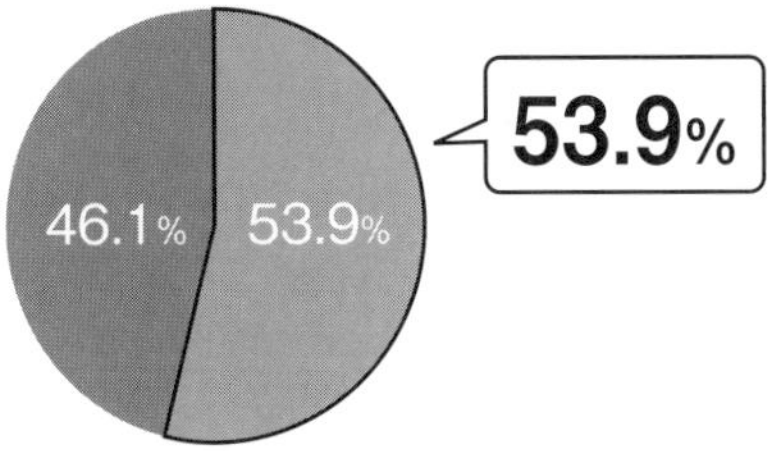

●媒体認知属性

「福岡街メディア」を
見た方の属性データ
N=414(媒体を確かに見た人のみ)

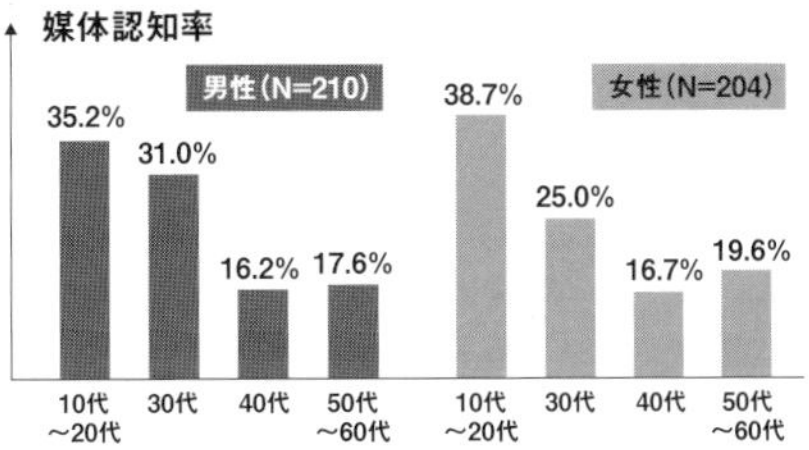

●行動喚起率

Q.広告を見て、どのような
行動をとりましたか?

実際に行動を起こした割合は 11.0%

広告に関連する商品やチケットなどの物を購入した	2.3%	内容に関して問い合わせをした(電話・メール・HP)	0.6%
広告に関連する施設やイベントを訪問した	2.2%	インターネットで調べた(PC・携帯電話)	3.5%
広告商品を取り扱う店頭を訪問した	1.9%	広告で紹介されているテレビ番組を見た	0.5%

調査方法:福岡市内在住の15歳~64歳の男女1000名に対してインターネットによるアンケート調査を実施。

田 鉄道の成功例

商業施設と並んでデジタルサイネージが浸透しているのが鉄道などの交通機関だ。その中でもサイネージの成功事例として必ず名前が挙がるJR東日本の「トレインチャンネル」。電車の中で誰もが目にするあの画面だ。だが、それはさまざまな創意工夫の結果であり、今もなおJRとしてのメディア力を高めるための挑戦を怠らない。その成果とノウハウの一部を聞かせてもらうため、運営・販売を行っている株式会社ジェイアール東日本企画の山本 孝氏、名倉勇二氏を訪ねた。

【試行錯誤を繰り返しながら成長する巨大マーケット】
株式会社ジェイアール東日本企画（jeki）

トレインチャンネルは、2002年の山手線への導入を皮切りに、現在では中央線と京浜東北線を合わせて合計1万6000個を数え、週にして延べ約5000万人が目にするメディアへと成長しました（写真28）。提供する情報を時間やエリアごとに区別したいというクライアントニーズは常にあり、サイネージはそのソリューションの一つでした。

サイネージの特徴は、情報を一元管理・一括配信できる、時間帯・エリアごとに異なるコンテンツを表示できる、動画・静止画・HTMLなど多様な素材に対応できるという点が挙げられます。つまり、従来のメディアになかった多彩な広告表現が可能になるということです。2008年7月からは、駅内での新しいサイネージとして「デジタルポスター」の運用を開始しました（写真29）。このデジタルポスターの拠点拡大とコンテンツ開発、つまりハードからコンテンツへ、という動きが最近の当社の大きな流れになっています。

デジタルポスターは、これまでに5駅に44面設置しています。現在、横浜駅と新橋駅での施工も進んでおり、3月には150面程度に増える予定です。デジタルポスターと既存の紙のポスターを比較すると、デジタルポスターのほうが「きれい」と回答した人が8割を超えています。また、「洗練されている」「目立つ」「印象に残る」と回答した人も6割を超えます。その一方で、「内容が分かりやすい」という評価は従来の紙のポスターのほうが高ポイントです。これは、デジタルは画面がすぐに変わってしまい、安心して読めないためです。ビジュアルで訴える情報はデジタルのほうが高評価ですが、じっくり読ませる情報は紙のほうに軍配が上がります。デジタルがオールマイティというわけではなく、TPOに合わせた組み合わせを行い、紙とデジタルを使い分けていくことが必要だと考えています。

公開するコンテンツの工夫としては、2つのアプローチをとっています。1つは静止画の工夫です。例えば、画面切り替えエフェクトを活用する、1枠の表示秒数を検討する、動きを演出する工夫をするといったことです。60秒、30秒、15秒とさまざまなパターンを試行していますが、まだ結論は出ていません。

デジタルポスターのスタート時には静止画を配信していましたが、実は動画コンテンツを希望する代理店やクライアントが多いのです。そこで2つ目は動画を活用したアプローチです。画面の真ん中に動画をはめ込み、上下にロゴやキャッチコピーを入れます。動画で通行者を引きつけ、その上下に入れたキャッチコピーで読ませるといった工夫を行います。

デジタルポスターは縦型主体ですが、静止画、文字などと組み合わせることで、トレインチャンネルとの連動が可能です。車内で見たコンテンツを、駅でも見せる反復接触が期待できる。そのほかにも、画面切り替え時にチャイム音を鳴らしたり、画面下部にスクロールテキストを入れたり、ほかにも天気予報コンテンツを入れる、時計を表示するといったさまざまなアイデアを実際にテストしています。このように、当社ではコンテンツの軸足を「表現手法の検討」に移し始めました。

デジタルポスターに限らず、既存の媒体の稼働率を上げるためには付加価値をつけなければなりません。当面はコンテンツ表現の工夫と、制作コストの軽減を目標に掲げていきます。デジタルポスターで挑戦している動画、静止画、テロップの組み合わせは、代理店やクライアントへの負荷を増やす結果となっているのが現状です。そこでテンプレートなどを整備し、媒体社側が手軽にコンテンツまで用意できるのが理想的な環境ではないかと考えています。

コンテンツ内容の工夫も大きな課題です。現状では、駅と車内ともに天気・ニュース・JRの運行情報――が3大キラーコンテンツで、それ以外はどんぐりの背比べ。天気やニュースといったリアルタイム系のほか、アニメ・エリア情報・雑学といったエンタメ系など新たなコンテンツを試している状況です。最近では、出版社などのコンテンツホルダーからの提案も多く、積極的にコンテンツを利用するケースも増えています。2010年春に映画版の公開が予定されている「ダーリンは外国人」は、トレインチャンネルでも人気が高いコンテンツの一つでした。

また、配信するコンテンツの基準は、公序良俗に反しない、誰が見ても不快感を与えないものであること。実は鉄道広告の審査基準はテレビより厳しいのです。それでも想定外の事態が起きることは少なくありません。従来の交通広告では予想もし得なかったご意見をいただくこともあります。コンテンツに対するお客様の反応を予測するのは、鉄道広告の審査基準だけでは判断できない領域です。そういった現実を踏まえて、コンテンツの審査体制を整備する議論が起き始めています。テレビであればチャンネルを替えたり、電源を切ったりという選択肢がありますが、電車の中では見ないわけにはいかない。公共スペースで配信するコンテンツのトーン、そしてマナーをテレビとは違う観点で考える必要があります。

もう1つの取り組みとして、新素材の実験も行っています。2008年に恵比寿駅の自動改札に電子ペーパーを設置しましたが、評価は芳しくありませんでした。電子ペーパーと既存のステッカーを比較すると、圧倒的にステッカーに軍配が上がります。既存媒体よりも「きれい」と感じるのは電子ペーパーでも、既存のステッカーのほうがより目立って、印象に残るというのです。

2009年5月には同じく恵比寿駅の自動改札に有機ELディスプレイを設置しました。既存ステッカーとの比較で、今回は有機ELに軍配が上がりました。この有機ELは非常に明るく、色の再現性も高いので媒体化の価値があると、報道関連各社をはじめ広告代理店などからも好意的な評価を得ました。電子ペーパーで成功しなかった自動改札のサイネージを有機ELに替えて高い評価を得る。こうした検証も繰り返しています。

今後の目標としては、現在トレインチャンネルで配信しているニュースや天気予報以外のキラーコンテンツを発掘したい。鉄道車内に関しては地域情報や観光情報も強いので、それをうまく取り入れたコンテンツを作れないか、サイネージでキャラクターを育てられないかといったことを考えています。駅の設置に関しては、縦型か横型か、動画か静止画かといった基本的なことから、各駅に少しずつ設置するのか少数の駅に集中して設置するのか、人が滞留する場所に設置するのか多くの人にリーチできる流動的な場所に設置するのか――といったさまざまな課題の検証を行っていきます。

長期プランでいうと、ロケーションを超えたほかのサイネージとの連携があります。リーチ型、販売促進型などそれぞれの目的を持ったサイネージがバラバラに点在していますが、それを連携していかなければマスメディアに対抗できず、メディアの価値を高めることができません。いまは、ほかの鉄道会社との連携を強めるためにも、エリアごとの成熟を急ぐ時期。まずは自社で持っているメディア同士の連携から取り組もうとしています。車内と駅のサイネージの組み合わせや、ポスター・看板など既存のメディアとの組み合わせなどに注力し、サイネージのネットワーク化を推進しています。

写真28

トレインチャンネルは、週にして延べ約5000万人が目にするメディアへと成長した

写真29

2008年7月からは、駅内での新しいサイネージとして「デジタルポスター」の運用を開始した

交通機関での展開

前項のJRの取り組みは特殊事例であるかもしれない。だが、鉄道、航空などの交通機関においてデジタルサイネージ利用が進んでいることは確かだ。本項では、交通機関のさらなる事例として、ローカルな電車サイネージを展開している彩ネットアド株式会社と、空港や機内でのサイネージ利用を進める全日本空輸株式会社（ＡＮＡ）の取り組みを紹介したい。彩ネットアドの佐々木大祐氏とＡＮＡの高柳直明氏それぞれに話を聞いた。

【地域に根ざしたローカル・サイネージを目指す】　彩ネットアド株式会社

当社は２００５年5月にサイネージ専門の会社として設立しました。埼玉高速鉄道のSainetVisionを中心とした広告営業を主たる事業としています。サイネージの設置、コンテンツ制作・配信、広告代理店業のすべてをトータルに担っている点が特徴です。

会社の創業時、本当に多くの代理店を回ってサイネージの話をしましたが、なかなか理解してもらえませんでした。最近では、サイネージという言葉が浸透し始めたことと、既存マスメディアだけではなく新しいものをという風潮の後押しもあり、サイネージを取り扱ってくれる代理店も増えてきました。しかし、今もなお代理店経由の話よりも、直接いただく話のほうが多いというのが実感です。

ローカル・メディアであるため、地域との連携には力を入れています。たとえば、埼玉高速鉄道は埼玉スタジアムに行く路線なので、浦和レッズの試合情報を大量に配信します。電車の中からレッズコールが始まると面白いのでは？　という発想を元に、レッズサポーターが集まる浦和駅の飲み屋での盛り上がりの映像とともにレッズ応援歌を紹介する「レッズコールコンテンツ」を始めました（写真30）。ただし、レッズのサポーターからの反応はいいのですが、ファンでない人にはプレッシャーを与えてしまう点については検討が必要です。

また、「スタジアムで好きな食べ物ランキング」なども発信しています。興味がない人にはどうでもいい情報かもしれませんが、その「場」についている情報が大切で、万人にウケる必要はないのです。

ほかにも、地元にある早稲田大学川口芸術学校および文京学院大学と連携して、土・日に学生のコンテンツを流しています（写真31）。土・日は沿線の乗客数が減るため、学生に「自分の作品が流れるよ！」と、まわりの人を誘って電車に乗ってもらえればいいなという思いもあります。サイネージは「場のもの」。地元の情報を取り入れることが重要です。そこにいる人はそこにある情報に興味がある。鳩山首相の話より、松井秀喜選手の話より、地元の□□中学の○

○君が試合で勝ったといった、地元新聞やコミュニティ誌に近い情報のほうが喜ばれます。

近所のリアルな情報をどう拾うか、そしてそれを配信し続ける仕組みをどうつくっていくかが大きな課題です。「このカフェ、美味しい」、「浦和レッズがんばれ！」など地元の人のTwitterのつぶやきをサイネージで発信する企画を立てています。駅の伝言板の延長ですね。そこにいる人が喜ばないと面白くない。

広告もまた、ローカルのものが半分を占めています。地元の乗客は、コンテンツがないとなかなか見てくれないため、広告とそれ以外のコンテンツは半々で流しています。この埼玉高速鉄道は地下鉄なので、地上に上がる機会が少なく、天気情報などリアルタイムのアップデートが必要なコンテンツは技術的に出しにくいこともあり、速報性が求められないコンテンツで勝負しています。

現在、4コママンガの連載をライブドアと共同で配信しています（図9）。電車とWebで展開していたこのマンガは、出版されるまでに至りました。「電車の中で見ていました」という読者からの感想も寄せられています。見るとはなしに見ているとこれが面白い。なんだか気になる。そんな感覚で見られているのではないかと思います。

課題は、代理店やクライアントのサイネージという媒体の認知度が低いこと。指標が測れないものには広告がつかない傾向にありますが、もともと交通機関は指標が測りにくく、今までのようなざっくりとした評価では納得してもらえないことが多くなりました。

デジタルサイネージは、Ｗｅｂにも映像にも近いところにあります。また、マスのこともローカルなことも知っておく必要がある。サイネージを設置しても、地場のことを知らなければコンテンツが作れません。一方で、地場の人は、情報は持っていてもパソコンの操作に慣れておらず、情報の発信手段を持たないことが多い。ローカルの中から横断的、立体的にトータルに企画できる人が出てくることが、今後のサイネージ業界の発展を考える上で必要不可欠です。

今後は、コンテンツのさらなる充実が目標です。具体的には、地場キャラクターを使った映像コンテンツをつくりたい。埼玉にいるサイタマくんは、白金にいるシロガネちゃんにちょっとあこがれていて、目黒のメグロくんはインテリっぽい――といった、地場の人にしか分からない、クスッとするような感覚をマンガにしたい。そこで暮らす人、働く人だけが共有できる空気感で遊んでみたいですね。溜池山王から乗るときに、埼玉の車両が来るまで待ってみようかな、と思わせるコンテンツが作れたら大成功です。

【空港、そして飛行機全体がサイネージ空間になる】　全日本空輸株式会社（ＡＮＡ）

当社は、空港での情報掲示や機内でのサービス、広告などさまざまな場面でサイネージを活用しています。

空港では、お客様に分かりやすく情報を伝えることを目的に、2004年12月1日の羽田空港第2ターミナル移転時の導入以来、全国の空港で順次導入を開始しました。通常のお客様の誘導のみならず、手荷物のサイズや機内に持ち込めないもの、搭乗口の場所などの表示をサイネージで展開しています。文字だけでなく、視覚的に伝わるサイネージは分かりやすいと高い評価をいただいています。また、搭乗口の変更や出発時刻の変更といった重要な情報を表示するなど、状況に合わせた対応ができます。お客様への臨機応変な情報提供を考えた場合、リアルタイムに更新できるサイネージは利便性が高いと言えるでしょう。

飛行機の座席自体もサイネージになります。"Inspiration of Japan"というブランド戦略の下に生まれた新シートはその一つ。新シートでは、全席にタッチパネル式モニターが設置されています。映画や音楽、ゲームなどのエンターテインメントに加え、食事やドリンクのオーダー、機内販売品の購入もタッチパネルから指先一つでスムーズに行えます。ほかにもiPodコネクターやUSB端子を備え、お客様自身が持参した動画、写真、音楽を楽しむことができます。本サービスは2010年4月19日（予定）の成田―ニューヨーク線を皮切りに、順次長距離欧米路線へ展開していく予定です。

ANAとしては、サイネージを広告メディアとしてはまだあまり利用していないのが現状です。現在Web展開に力を入れており、国内線予約の6割がネット経由で行われています。売り上げで見ると、昨年度は国内航空券・国際航空券・旅行予約など合わせて約3560億円がインターネットを介した販売額になっています。また、お客様がパーソナルツールとして利用しているケータイを活用することで、もっと多くの取り組みができるのではないかと検討しています。新規顧客獲得の手段としてインターネットやケータイの戦略は、今後も続けていきます。

写真30

レッズ応援歌を紹介する「レッズコールコンテンツ」を始めた

写真31

早稲田大学川口芸術学校および文京学院大学と連携して、土・日に学生のコンテンツを流している

図9　4コマまんがの連載をライブドアと共同で配信している

特定業種のサイネージ

デジタルサイネージを全国の特定業種間に拡げていくことでビジネス展開するモデルケースもある。流通小売り、金融機関、学校、自治体、といったヨコの展開だ。その成功事例を、フィットネスクラブを連結する株式会社寒山の川村行治氏と、医療機関のサイネージ化を行っている株式会社メディアコンテンツファクトリーの毛塚牧人社長が語った。

【近隣エリアとの連携が、今後の展開の鍵に】　株式会社寒山

2007年にフィットネスクラブ用サイネージ「EXIT」の運用を開始しました（写真32）。コンテンツは各レコードレーベルから購入した音楽クリップをベースとした1時間のロールで、1カ月に1回の頻度で更新しています。

各店舗オリジナルのコンテンツの場合、店舗側で作れる簡易ムービーと、当社が依頼を請けて制作するものがあります。オリジナルムービーの制作費は、出演者がクラブのインストラクターであれば約70万円前後。サイネージとロッカー扉ステッカー、サンプリング、プロモーションラック、試食・試飲などを体験会と組み合わせ、トータルプロモーションをすることで効果を高めます。

大塚製薬のアミノバリューの事例では、長谷川理恵さんが出演する地上波CMを流し、映像で伝えきれない成分などの詳細情報をロッカー扉にステッカーを張ることで訴求。そして利用者に試飲をしてもらうといった流れです。明治乳業のVAAMの事例では、クラブで人気のインストラクターが出演する映像を作成、配信すると同時に、クラブ内で商品の販売を行ったところ、その場で商品を買う利用者が予想以上にいることが分かりました。

フィットネスクラブの特徴は、来館時間が平均2時間ほどの利用者にアプローチできること。全体の4割の人が120分〜150分程度滞在しているため、小売店や交通機関と比べ、ゆっくりとコンテンツを見ていただけます。大型店や都心の店舗などは平均して約4000人の会員を抱えており、そのうち3割が毎日入館します。平均すると1日1万2000人が来館していることになり、視聴者数は月間130万人におよびます。

クラブ内のサイネージの視聴状況を調べてみると、8割の人が見たことがあると答え、例えば前述のVAAMの事例では、3割を超える人がCMを見て商品を購入しています。中でも、60代以上の女性に関しては43%が購入に至っています。60代以上のフィットネス利用者は、生活が前向きで、自分のために投資するアクティブな層。現状では、その層に向けたコミュニケーションの術がほかにないのかもしれないと考えています。逆に、メディア慣れしている30〜

40代の男性や20〜30代の女性の反応も悪くはないものの、60代に比べると割合は若干低くなります。彼らにコンテンツをどう見せるかが今後の課題です。

現在のスポンサーの多くは、健康、特保系などスポーツクラブのお客さんに親和性の高い商品を提供するメーカーで、ほかは不動産関係などその地域で商売をしたい企業からの引き合いが多い傾向があります。ＣＭ制作費のほとんどは企業の販促費から捻出されています。全国規模の展開ではないため、広告費予算が捻出しにくいという事情もあります。スポンサーもフィットネスクラブでの展開の効果は認めていても、エリア限定となると、予算が1〜2ケタ少ない販促費になってしまいます。今後このサイネージを全国津々浦々の規模にすることは難しいと感じています。

フィットネスクラブのビジネス商圏は2㎞〜5㎞。その中心にあるショッピングセンターやスーパーマーケット、コンビニとの連携は今後不可欠になるでしょう。同じ商圏内でアライアンスを組んで、コンテンツを出し合い、一緒に広告を販売することで、サイネージの可能性は広がります。それがうまく展開すれば、継続した運用ができ、低価格化も可能になります。

近い将来には、八百屋のおばちゃんがサイネージを5万〜10万円で展開できるようになり、商店主同士が連携をする。テレビを置くのと一緒で壊れたら買い直せばいい！　ぐらいの気軽さで商店街の回覧板もサイネージでやろう！　といった気運が高まることが、成功への近道になるのではないでしょうか。同じ地域で商売をしていくのであれば、どこかが一人勝ちするのではなく、街全体が元気にならないといけない。そんなモデル地域を作りたいと思っています。

【患者への情報提供にもつながるサービスを】　株式会社メディアコンテンツファクトリー

病院、診療所、クリニックの受付や待合室でのサイネージ展開を行っています（写真33）。基本パッケージは月額1万5００円で、共通番組9本とオリジナルコンテンツ5本の配信が可能です。共通番組は「医療健康知恵袋」「生活習慣病について」「薬の知識」など、医療・健康に関する番組のほか「世界名曲飛行」「四季の情景・癒しの映像」などを用意しています。オリジナルコンテンツは、各病院の要望に合わせて医師紹介、休診・代診案内、検診案内などを制作・配信しています。

１９９８年の事業開始以来10年以上の蓄積があるため、コンテンツやテンプレートのアーカイブが多数あり、医療機関の制作要望にはおおむね対応できる体制が整っています。月間に制作するオリジナルコンテンツは２０００～３０００本に上り、10人弱のパートさんと制作デザイナー、配信スタッフで制作から配信登録、放映の相談窓口対応を行っています。

サイネージを稼働する医療機関が５００カ所を超えた２００７年より、広告事業も開始しました。以降、放映番組の一部に広告を挿入し、ノバルティスファーマやジョンソン・エンド・ジョンソン、日本ベーリンガーインゲルハイムなどの製薬会社や食品会社を中心に広告出稿をいただいています。

ここ数年、医療費削減により医療現場の予算は厳しくなっており、医療機関の負担を少しでも軽減するために、広告出稿の了承を得て医療機関の利用料に還元する方法をとっています。現在、サイネージを導入している700カ所のうちの8割弱にあたる550の医療機関から広告を出すことへの同意をいただいています。ただし、医療・健康に関係がないもの、一般試薬品、死を連想させるものはすべてお断りしています。

医療機関への導入にあたって当社は、ソフトウェア、ハードウェア、ディスプレイの仕入れ、医療機関への納品、設置の完備、配信・運用業務、コンテンツの制作、広告業務のすべてを請け負っています。初期費用は、ディスプレイ代を除いて58万円です。

また、医療機関に使い続けてもらうための工夫もしています。コンテンツの更新頻度を管理し、1カ月以上更新がないと電話をしてコンテンツの更新を勧めるといったアプローチです。放っておけば、6割が使わなくなります。特に、担当者が代わると更新が途絶えるケースが多く、定期的な電話は担当者が代わっていないことの確認の意味もあるのです。

最近では、クリニック向けに、待ち人数、待ち時間、呼び出し番号などを画面の下に表示するシステムも提供し始めました。このような情報はサイネージの視認率を高めることにつながります。クリニックでは、診察状況は院長しか分からないため、院長が状況をテロップで表示することで、業務の効率化も図れるわけです。

医療機関がサイネージを導入する際の切り口として、1つには待合室でテレビを流したくない、という理由が意外に多い。医療不信や医療ミスなどのテレビ番組を待合室で放映することが、患者さんに不安や不信感を与えることへの配慮としての措置です。2つ目は、待合室にいる間に、正しい医療情報を知ってもらいたい、自分の医療機関をより知ってもらいたいといった理由も多い。医療機関が困っているのは、患者さんとのコミュニケーションが成り立たなくなっていることです。医療が高度化し、患者さんと話が噛み合わない。そんな現状から、患者さんに知っておいてもらいたい情報をこのメディアで流したいということが挙げられます。その改善方法の一つとして、マスメディアとは違う観点で、正確な情報と現場の声をきちんと患者さんに伝える媒体を作ることが重要でしょう。日本全国で10万カ所ある医療機関のうち、1万カ所でも導入されれば状況はがらりと変わるのではないか、医療機関の待合室が医療行政・医療情報・医療知識を伝える情報のタッチポイントになり得ると考えています。

写真32

2007年に、フィットネスクラブ用サイネージ「EXIT」の運用を開始した

写真33

病院、診療所、クリニックの受付や待合室でのサイネージ展開を行っている

Digital Signage

第3章

コンテンツとマーケティングの広がり

▦クロスメディア・マーケティングの担い手

消費者が激しく変化している。マス媒体への接触が減少する一方で、パソコンやケータイ利用の増加が著しい。博報堂DYメディアパートナーズによれば、一日のメディア接触総時間は、2006年から2008年までの2年で16分減少。そのうちテレビは10分、新聞は4分それぞれ短縮。他方、パソコンは3分、ケータイは8分増加したという。

世代間の差は明白だ。マス媒体はシニア層の利用が多く、若年層はインターネットやケータイに傾いている。50代以上は新聞とラジオへの接触時間が長いが、20代はパソコンのネット利用に時間を費やし、10代は圧倒的にケータイに時間をかけている。しかし、単純にこれをマス媒体からネットへのシフトとみることはできない。テレビはいまだ全世代が接触しているし、ネットも50~60代女性の雑誌への接触時間を超えている。ただし10代ではテレビとパソコンとケータイを同時に開いて「ながら」で情報を駆使する「3スクリーン」派が増えている。新旧ともにさまざまなメディアを使いこなす多様化が進んでいるとみるべきだろう。

そこで「クロスメディア」が大きなキーワードとなる。テレビ、ネット、ケータイ、さらにデジタルサイネージも含め、あらゆるメディアを通じて消費者に接するという考え方だ(図10)。

メディアというタテ軸と、時間や場所のヨコ軸とを組み合わせ、マーケティングの観点でとらえる。つまり、消費者の一日の行動の動線を探ることで効果的にメディアを使い分けていくことがポイントだ。

消費者と接する場所＝コンタクトポイントのうち、印象に残る場所を電通が調べたところ、1位がテレビCM72％。2位が屋外ポスター・看板66％、3位が駅のポスター66％。雑誌や新聞の広告はいずれも59％だった。この結果から、屋外や駅ナカのサイネージは高い効果が見込めることが分かる。

これは、広告費だけでなく、営業活動や店舗対策などの販売促進費をターゲットとする領域となってくる。日本の広告費は総額6兆円だが、広義の販売促進費は13兆円。企業の販売促進活動をデジタルサイネージのようなメディアがいかに取り込めるか、きめ細かい消費者への浸透力を企業にアピールできるか、といった課題が見えてくる。

急激な伸びを見せているインターネット広告費（図11）。1999年にはわずか240億円だったが、2008年には7000億円に成長した。2004年にはラジオ広告を、2006年には雑誌広告を抜いた。さらに2009年には新聞の広告を追い抜き、いずれテレビにも手が届くともみられている。しかし、より大きな問題は、それらを合計した総額6兆円は増収するどころか、むしろ減少している点だ。広告全体として新しい市場をプロデュースできていないということだろう。しかも、アメリカのネット企業が日本の広告費を吸い上げる動きがあり、もはやその6兆円のパイを奪い合っている場合ではない。

自動車メーカーなど大手スポンサーがCMをテレビからネットに移行しつつあり、ネットには国境がない。現状YouTubeには日本のコンテンツが大量に置いてある。日本のマスコミに支払っていた広告費をアメリカのサイトに振り向けたらどうなるか。6兆円のいくらかが海外流出し、国内が空洞化しかねない。

これに対し、デジタルサイネージは、国内のプラットフォームになるのではないか。新しい成長領域を作り出せるのではないだろうか。一つのパイを新旧の業界で食い合うのではなく、これからみんなで開拓する新大陸となり得ないか――期待はそこにある。国内における新しいメディアの広告市場とプラットフォームを、いまのうちに作っておく必要がある。

とはいえ、まず現在の広告市場からビジネスを取り込むことが先決だ。今後はネット広告の市場がデジタルサイネージに広がる展開が考えられる。デジタルサイネージのシステムは、コンピューターのディスプレイにインターネットで配信するのが基本形となるため、テレビ型のマス広告よりもネット広告の配信ビジネスに親和性がある。

ネット広告が家庭やオフィスのパソコンから街へと場を広げる。ネット広告を屋外のディスプレイやタッチパネルと連動させていく。広告がバーチャルからリアル空間に飛び出す。デジタルサイネージの導入で、現在急成長を続けている7000億円規模のネット広告市場の再構成と新たな展開が期待できる。

また、ローカルなアナログ広告をデジタル化するのも重要だ。マスコミ4媒体やインターネット広告とは別に、プロモーションメディア広告費というものがある。狭義の販売促進費と呼んでもよい。屋外広告や交通広告、折り込みチラシやダイレクトメール。フリーペーパー。本屋さんやスーパーなどの商品売り場に置かれているPOPなどがこれにあたる。看板やポスター、紙チラシ、パンフレットといったアナログな広告メディア。これらをデジタル化し、ネットワークでつないで生き生きと甦らせる。これがデジタルサイネージの狙う主要ターゲットとなる。

そして、これらプロモーションメディアの広告費は合計2・3兆円もの規模が見込まれ、テレビと新聞の合計広告費と同規模になる。折り込みチラシは5400億円、屋外広告は3200億円といずれも雑誌広告より大きい。簡単に言い換えれば、マスコミ4媒体＝広告は広報部が扱い、これらはロットが大きいため社の決裁が必要だが、店頭POP＝販促においては事業部単位のコストとなり、ロットは小さいものの予算が取りやすいのだ。

全国を相手とするマスコミ4媒体と比べ、サイネージが担うプロモーションメディアはローカルに立脚している。地域の駅、会社、商店などのニーズをきめ細かくすくいとり、機動的にコンテンツを作って流すことで広がりが生まれるのだ。こうした点から見てもデジタルサイネージは、東京の大手よりも地元に密着したローカル・プレーヤーがチャンスをつかみやすい市場になるのではないだろうか。たとえば、駅前ビルや商店街では、商品ＣＭやイベントのプロモーションなどに加え、官公庁からのお知らせや防犯／防災といった地域住民向けの情報配信としても利用されている。電車内では、遅延・事故などの運行情報をはじめ、ニュース、天気予報、占いなどのコンテンツと広告が組み合わされたプラスアルファのコンテンツが流れる。また、店舗では看板やポスターに替えて、映像配信システムが使われ始めている。

目下最大の課題は、広告の効果を測定することだ。成功事例に乏しく、費用対効果がまだ明確でないため、広告主に効果的な営業をしにくいといった点が指摘される。テレビの視聴率のような指標が強く求められているのだ。そのためには、さまざまな実証的事例を積み重ね、それらを業界全体で共有すること。そして、それを検証するための技術を開発することが重要となる。

図10 クロスメディア

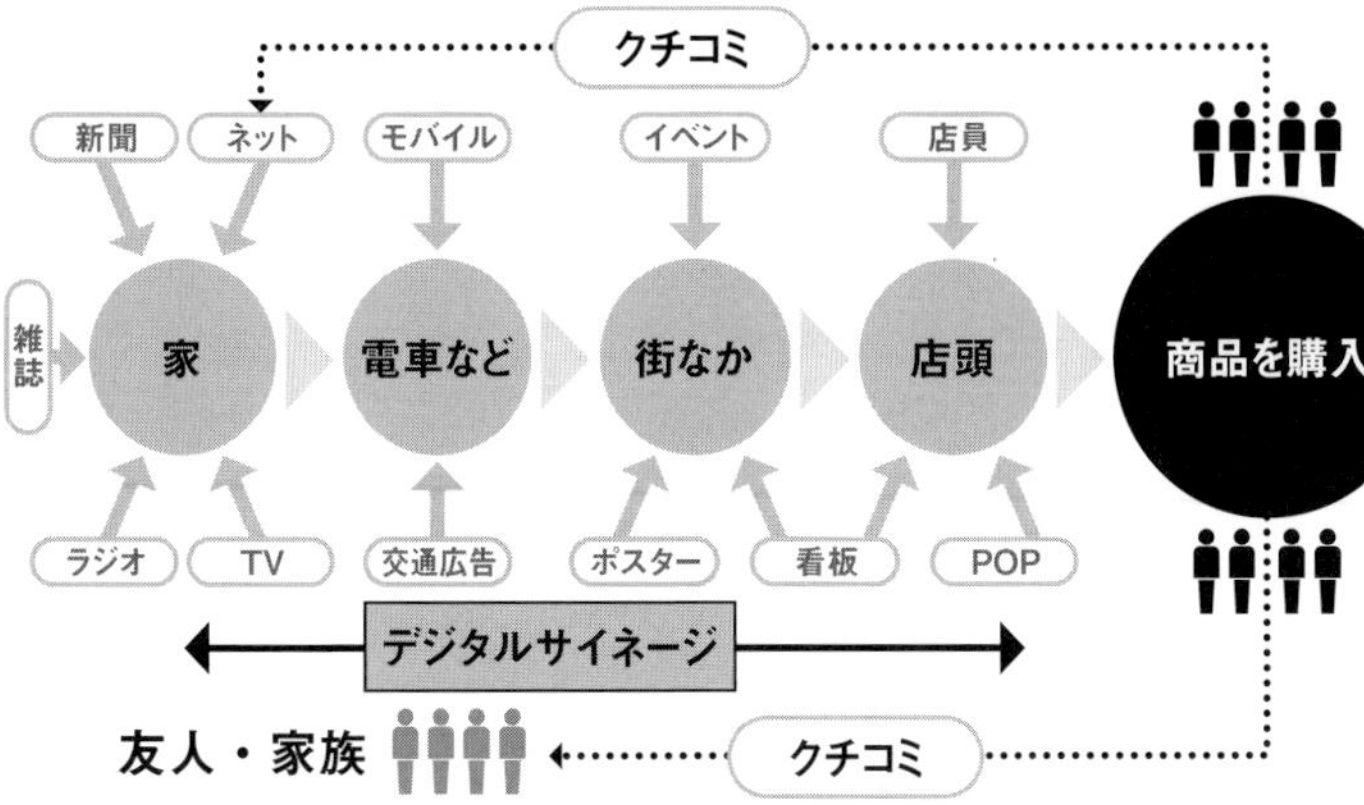

図11 日本の広告費

（2010. 2電通発表資料より。単位：億円）

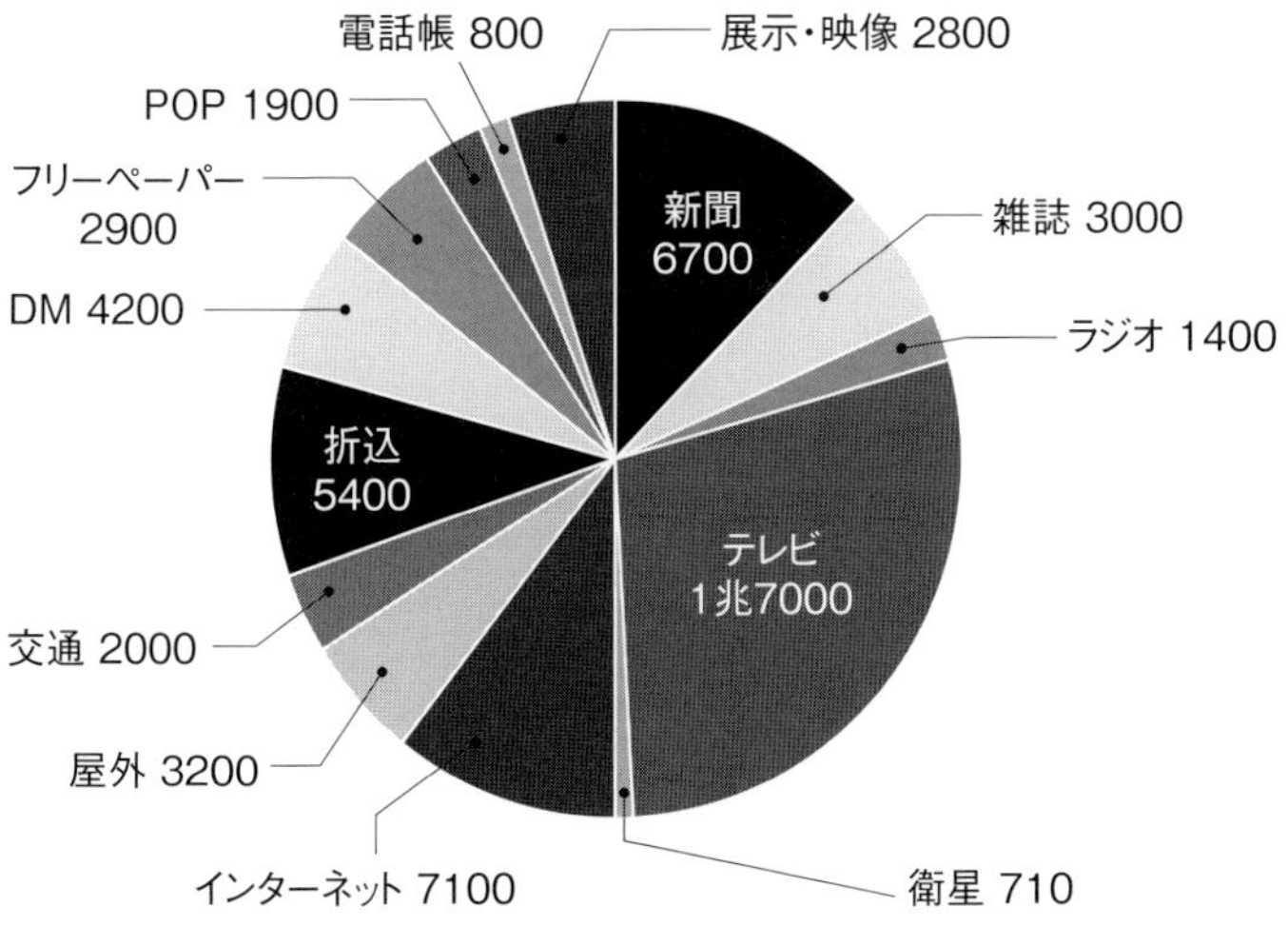

田 流通業界のマーケティング戦略

デジタルサイネージを面的に展開しているのが流通業界だ。スーパーなどの現場でデジタルサイネージはどう活用されているのか。運営する側の戦略はどのようなものか。このジャンルをリードするイオンアイビス株式会社の北澤 清氏とソニー株式会社の相澤辰弥氏に聞いた。

【実地検証を行いながら、よりよい環境を模索する】 イオンアイビス株式会社

イオンリテールでは、２００９年６月１日から関東地区30店舗、３００面のディスプレイを設置し、イオンチャンネルをスタートさせました。「場」を持つ強みを最大限に生かしたサイネージ展開を図るために、しっかりとした効果検証を行った上での決断でした。

２００８年４月末から２００９年５月までの約１年をかけて、イオン津田沼店ＳＣにディスプレイ59台を設置、実証実験を実施しました。レジ周り、エレベーター前、食品や日用雑貨の売り場、イオンラウンジなどさまざまな場所にディスプレイを設置し、認知率の調査を行った結果、最も高い認知率をあげたのはレジ前の84・３％でした。また、サイネージを設置した津田沼店とサイネージを設置していない近隣の大型店とで売り上げを比較した結果、設置店舗では平均して2倍の売り上げ効果があることが分かりました（図12・写真34）。

本格導入にあたって不安がなかったわけではありません。まず、投資コストの問題がありました。そこで、認知率が高く一番効果的なレジ周りに重点をおいて設置することで投資コストを下げました。広告主からは、買い物が終わった後のレジ横よりも、商品の近くに設置する売り場連動の商品販促を求められるのですが、これは運営上難しい。当面は売り場連動はせずに、次のフェーズで検討することとしました。

最後に視聴率の問題があります。テレビCMを流すだけではなく、お客様が見たいコンテンツを考えます。現在配信しているコンテンツは、商品広告、天気、暮らし、地域などに関する一般的な情報と、イオンの告知・情報、店舗別告知――に分けられます。店舗別情報には、店内での商品催事、セール予告、予約受付案内、ほかの売り場への誘導告知などが含まれ、各店舗から情報を発信できるようにすることで、店舗スタッフのモチベーション向上につながります。また、従来POPを作る際に使っていたテンプレートシステムでコンテンツを作成し、サイネージへ配信する仕組みを構築したのです。

通常、レジ周辺には紙のPOPが氾濫しています。これをタイムリーに更新するにはメンテナンスコストがかかるし、紙の無駄にもなる。また、現状の運用は閉店後か開店前に張り替えを行っているため、情報は1日1度しか替えられないことになります。一方、サイネージの場合、レジ待ち中に確実にヒットさせるために、5分に一度の露出になるように編成して、1ロール5分のうち広告195秒（15秒×13枠）、情報105秒（15秒×7枠）の割合となっています。レジでの出口調査では、サイネージを見た人が36・2%、そのうち商品を買ってみたいと思った人が81・5%にも上りました。さらに、商品の中でも、サイネージの効果が出やすいものとそうではないものがあることが、この調査で分かりました。お菓子など嗜好性の高い商品では効果が得られやすく、サイネージ設置後、売り上げが5倍に増えた商品もあります。

当社がサイネージを導入する目的は3つ。放映している商品及びイオンの売り上げ拡大、イオンのインフラを活用した広告収入という新しいビジネスモデルの構築、チラシ中心で行ってきた広告からの脱却によって紙媒体のメンテナンスコスト及び環境負荷を下げること。これらの目的を踏まえた上で、2009年12月1日からは、全国112店舗に約1000を設置、2010年中には250店舗、全都府県に設置を予定しています。

今後の課題としては、広告集稿と環境への配慮があります。メディアとしての価値・効果が不明瞭であるため、広告集稿が思うように進まない。全国展開や客観的な効果指標を作成し、サイネージへの理解促進を求めること。また、レジにディスプレイを設置していると、エコの時代に逆行しているとのお叱りを受けることもあります。紙媒体からデジタルメディアへの転換を図ることで、トータルでは環境負荷が減らせることも実証していきたいと考えています。

図12

イオン津田沼店の出口調査：媒体認知状況

DSはお客さまに気づいてもらえているのか？

⇒ディスプレイの認知は第4回目の調査で83.0%だが、ディスプレイがあることに気づいた程度。
うち、レジ前が**84.3%と最も高い認知率**。次いで、EV前・生鮮・食品売り場。

⇒通路や売り場の高い位置に設置してもコストパフォーマンスが悪い。レジ待ちを利用して見ていただく
レジアウトに設置することが最良と判断。また、高さは自然とお客さまの視界に入る高さに設定。

ディスプレイの認知

実証実験7カ月にて4度の出口調査を実施

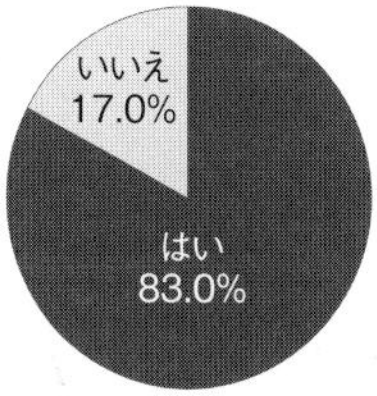

第1回；46%　第2回；55%　第3回；80%
第4回；83%と認知度は上昇している。
（津田沼店100人調査）

ディスプレイ接触場所

津田沼店来店客　20-69歳女性　N=100
2008年11月29日調査実施

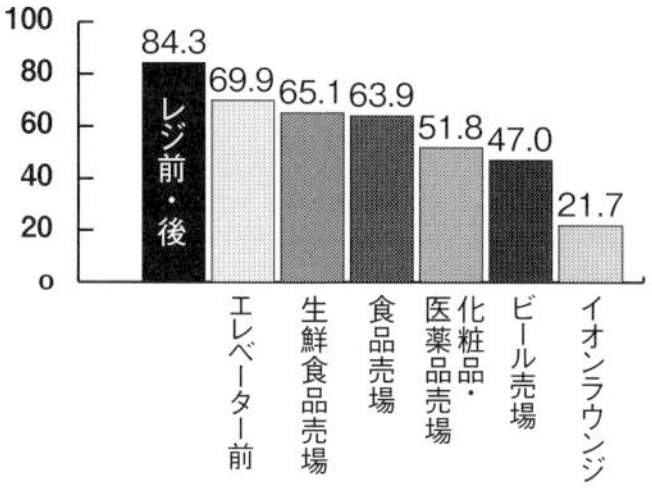

写真34

イオンリテールでは、2009年6月1日から関東地区30店舗に300面のディスプレイを設置し、イオンチャンネルをスタートさせた

【「ミルとくチャンネル」と効果測定】　ソニー株式会社

当社は、機材販売、運用受託、広告モデルの3つの領域でサイネージビジネスを展開しています。機材販売は2002年に開始以来、ショッピングセンター、大学、映画館やエンターテインメント施設など、幅広い業種に販売してきました。その後、保守・監視・コンテンツ制作などの運用を求める声に応じて、運用受託サービスを2006年からスタートしました。加えて同年から、広告モデルである「ミルとくチャンネル」を展開しています。これはスーパーにサイネージを設置し、広告を放映するとともに販促効果も出すというビジネスです。現在、スーパーマーケット大手の「Olympic」および「いなげや」がパートナー企業となっています。

我々がこの事業に参入したのは、流通という特定の人々にリーチできる場所にサイネージを設置し、ネットワーク化することで、広告としての価値が上がるという考えがあったためです。特定の場所に置かれたサイネージを広告媒体化する動きは海外にもあり、我々もこのような事業の開始に踏み切ったのです。

「ミルとくチャンネル」では広告のほかに、当社で制作したコンテンツも流しています。一番のキラーコンテンツは、天気やレシピ。制作にあたっては、スーパーに来るほとんどの人が献立を決めていないと言われている中、どういう状況でその売り場にいるかを考えることが重要です。「明日の天気はどうだろう？　寒いらしいので鍋にしよう」、「明日雪が降るなら、今日中に買い出しをしておこう」というショッパーインサイトを考えながらコンテンツを固めていきます。現在までに、旬の食材やその調理方法の情報が効果的だということが分かってきました。

効果測定は、流通から提供されるPOSと、お客様に対するアンケートで行います。効果は商材によって異なり、機能性商品や、説明が必要な商品、新たに何かを組み合わせて表現することでやってみたいと思わせる拡張性が高い商品は効果が高い。例えば、購買頻度が低いと言われる酢やマヨネーズも、おいしそうなレシピと一緒に見せると効果が上がります。逆に価格に左右される商品は、そこまでの効果は期待しにくい。サイネージだけの効果を抜き取るのは難しいのですが、PI値（1000人あたりの販売個数）の平均では、放映前と比較して約8割増えており、カレールーを放映したら商品が3倍売れたという事例も報告されています。

コストを下げることが今後の課題です。メーカーとして、サイネージにかかる機材、設置、運用、それぞれの費用を下げる努力を行っていきたいのです。加えて広告主の視点から、サイネージ単体で考えるのではなく、メディアミックスの一つとしてどう効果的に使っていただくかが鍵となります。FeliCaを搭載したおサイフケータイとの連携など、今後新しい事例を作っていけたらと思っています。サイネージは、世界的に見てもまだまだ成長領域です。当社も最新技術を投入しながら市場拡大の一翼を担えればと考えています。

田 広告主からみた問題点

広告主はメディアを非常にシビアに評価する半面、その効果的な使い方についても徹底的に研究している。インターネットの登場以降、メディアの新しい動きの多くはユーザーが主導するようになった。デジタルサイネージも例外ではない。これを使いこなす広告主がその技術、サービス、表現を牽引していくはずだ。そしてその声にビジネスのヒントが凝縮している。

広告主はデジタルサイネージをどうみているのか。辛口な意見も含めて生の声を聞かせてもらうため、花王株式会社の本間 充氏を訪ねた。

【店舗内サイネージ導入にあたって生じる問題点】　花王株式会社

花王としてのサイネージの取り組みはまだ少ない状況ですが、店舗内サイネージの実績はいくつかあります。店舗へのサイネージ導入は、これまで店頭で流していたビデオの延長線上にあると考えています。しかし、どれもトライアルに終わり、継続した実施には至っていないのが実情です。その理由はこれからお話しする3点に絞られます。

❶効果が不明瞭

実験期間内の売り上げの伸張はとれますが、サイネージ導入時には、売り場作りも同時に行うため、サイネージだけを取り出した効果検証はできていません。もちろん、効果が分かりにくいのはテレビCMも同様で、テレビに偏重した広告投資は考え直そうという傾向にあります。メディアに対する効果測定は年々シビアになっています。そこで、自社メディアに注力するといった方向転換も検討中ですが、実際にドラスティックな変換を行っているかというと、そうでもない。テレビCMの費用は維持したまま、Webの費用が追加されているのが現状です。ブランドごとに、テレビCMとWebなどにかけるコストの比率を変えたモデルケースを作って分析しようとしています。

自社メディアについてはWebを想定しています。ただしパソコンに限定せず、今後増えるであろうすべてのデバイスに対して、Webからの情報発信を考えています。つまり、サイネージがWeb型の情報を受け取れるのであれば、配信する準備はできているということです。

マスコミュニケーションという流れはもうないでしょう。いかにセグメント化して、個にアプローチしていくかが大事だということは認識しています。しかし、次の具体的戦略がはっきりとは見えていない。いまはトライアルを行って、効果がある手法を模索する時期だというのが本音です。

❷社内の部署が縦割り

店舗には、広告ではなく販促の一環としてサイネージを設置しました。通常、店舗との商談は当社の専門の代理店が行いますが、広告宣伝は本社が実施します。サイネージに関していうと、お店まわりのことは代理店が担い、広告宣伝の素材は本社が保有しているため、両者が連携していく必要があります。

これまでは、店頭のＰＯＰや飾りボードを本社で制作し、代理店に納品するという単純な流れでした。しかし、サイネージは納品するだけでは済まない。広告のオンエア可能な期間など、本社のみが持つ情報が多々あり、共同作業が不可欠な作業にもかかわらずその連携がなかなかスムーズにいかない。

一番大事なのは、お客様です。そのお客様にリーチする手段としてマスメディアを使うのか、それともパーソナルコミュニケーションを使うのかを考えることが重要であるのに、店舗は販売促進費、テレビは広告費といった場所切り、媒体切りを行うなど、社内での対応部署がバラバラであることが問題になってきています。お客様にとってはどれも広告。提供する側が全体を見通せる仕組みを作ることが必要と考えています。

サイネージで使われている予算は販売促進費です。販売促進費は全社で合意形成がとれていなくても、各事業部の判断で予算執行できることも多い。それに対し、広告費は社内決裁が必要です。サイネージも広告費を動かせるようにならないと、社内的に力を入れてもらえないのではないでしょうか。

❸日本の店舗のガラパゴス化

世界がブランドマーケティングにシフトする中で、日本はいまだカテゴリーマーケティングです。近隣のアジア諸国との比較でも、ワールドワイドな流通プレーヤーが多いのに対し、日本の流通はドメスティックな企業が中心で、グローバルネットワークを持っているケースが少ない印象です。

ワールドワイドな流通企業は、カテゴリーマーケティングからブランディングマーケティングへシフトしています。店舗を設計する際に、シャンプーなどカテゴリーごとに商品を陳列するのがカテゴリーマーケティング、ブランドの銘柄ごとに陳列するのがブランドマーケティングという違いがあり、その施策のシフトによってサイネージへの考え方も大きく変わります。ブランディングマーケティングでは、ブランド区切りの売り場となり、ブランドの新鮮さを保つために、ブランドプロモーショングッズを置こうということになる。そうすると店舗作りの一環でサイネージ導入という話も出てくるかもしれません。一方カテゴリーマーケティングの日本では、店舗内でコーナーの取り合いを続けている。例えば、スキンケアコーナーでは、自社商品の売り場面積を大きくし、ほかの商品を置けなくするための手法としてテレビを置いたりするということになる。つまり売り場を占拠するためのサイネージになっているのです。

日本の店舗におけるお客様の特徴として、1回の店舗滞在時間が短い点が挙げられます。東京都内にいれば、スーパーかコンビニ、またはドラッグストアに1日1回は足を運ぶのは珍しいことではありません。かたやアメリカ人は、週末にウォルマートに出向いて一週間分の買い物をするために、滞在時間の平均は30分以上。台湾や上海の郊外にも同様の傾向がみられます。また、南アジアの国には「クーリング」という言葉が存在し、冷房がついているショッピングセンターなどで半日程度過ごすことを指すそうです。そういう国では当然、消費者の滞在時間が長くなるため、サイネージが導入しやすいと言えます。実際、シンガポールやマレーシアでは、ショッピング施設などに館内を案内する大きなプラズマディスプレイが置いてある例が多く見られます。ここに、ちょこちょこ買いをするライフスタイルと、まとめ買いをするライフスタイルの違いがあります。

その結果、ウォルマートではテレビCMをそのまま流すことが多いのですが、日本では30秒のCMを流しても、その場の滞在時間が30秒に満たないということがあります。また、ウォルマートに来る層は、家のテレビでCMに接触することが少なく、ウォルマートに来て初めてテレビCMを見たという層に加え、母国語がスペイン語なので英語のCMは見たことがないという層が結構な数に上る。これに対して日本では、テレビの世帯普及率は100％弱ということで、アメリカのような状況もありえません。

店頭のビデオに関しては、経験上、アテンション効果が高いことは実証されています。例えばビオレのサウンドジングルが鳴ると、お客様は振り向いてくれます。しかし、その後その商品を買うかどうかは、ビデオの内容ではなく、商品の中身と値段の比較で判断される。テレビCMで見た商品を店舗で確認するという視覚確認以上の効果はないのです。そういった点から見ても、店舗内でテレビCMを流すことは、日本人にはそれほど効果がないと考えられます。

そして、もう一つ日本の特徴として、店員の対応の良さも挙げることができます。どの店に行っても店員に尋ねれば的確な答えが返ってくる。アメリカでは、「自分の担当ではない」と言われるなど、ショップスタッフが総合窓口になるという概念がありません。また、シンガポールは店員に聞いても言語が通じないため、サイネージを使った方がいいということになる。テレビに聞く国と店員に聞く国の違い。日本でネットが普及するのが遅れた最大の理由も、電話をすれば用件が済むため――それと同じことが店舗でのサイネージ広告で起きているのです。

ネット時代の広告戦略

先駆的な広告主の中で、「デジタルサイネージの対極を目指す」という企業がある。本田技研工業株式会社だ。世界のマーケットで商品を宣伝し、製造・販売する中で培ってきたホンダの広報戦略は確固たる哲学に裏打ちされている。Webサイトを中心とする「自社メディア」に広告手段を集中させ、テレビなど既存のマスメディアはすべてその補完と位置づける。ホンダにとってはサイネージも補完メディアの一つだ。

これからサイネージを普及させようという業界にとっては考えさせられるメディア観であるが、このようにソリッドな国際的広告主が増えることを想定したとき、ではサイネージとしてどのように役立つポジションを取るべきか。その指針を得るヒントを探るべく、本田技研工業の渡辺春樹氏に話を伺った。

【広告主も媒体を。自社メディアに重点を置いた戦略】　本田技研工業株式会社

すべてのものがネットでつながる時代。いまや各媒体の位置づけを考えた上で、どのメディアを活用するかといったメディア戦略を決めるとき。ホンダは、自社メディア強化の戦略をとる方向に向いています。

コミュニケーションのコストダウンを前提とし、マスメディアも含め、他社メディアには頼らない。ほかのメディアは自社メディアの補完と位置づけています。テレビも新聞もサイネージもすべて補完メディアということです。こうした流れの中で2009年4月には宣伝部門も解体しました。

自社メディアをメディア戦略の中心に据えると宣言してから13年が経ちました。その間に、お客様の購買プロセスに自社メディアを購入時の最強のメディアとして位置づけることに成功し、すでに次の絵を描く時期に来ています。

自社メディアとは、Webサイト、販売店、セールススタッフ、カタログなど自社でハンドリングできるすべてのメディアを指しますが、その中でもネットにつながっているWebサイトをその中心に考えています。具体的には、お客様が求めている情報を必要なときに適切に渡す仕組みを整えるということです。サイネージはお客様が求めていない情報も含めて渡そうとする印象を受けますが、ホンダはその対極を目指しています。求められなければ渡さない。押しつければ逃げられます。購買につなげる一番の方法は、「何もしない」こと。消費者が自分の意思で動き、自分の意思で情報を集め、サービスを受けるときこそ、最も購買率が上がるのです。

ホンダでは、これからのメディア戦略を「トリプルメディア・トリプルスクリーン」というキーワードで考えています。「トリプルスクリーン」とは、小サイズの携帯電話、中サイズのパソコン、そして大サイズのテレビと、接触する画面の大きさで分けており、サイネージはすべてに分布しています。「トリプルメディア」とは、お金を払って広告を掲載する「ペイドメディア（Paid Media）」、自社サイトなどの「オウンドメディア（Owned Media）」、SNS、ブログ、Twitterなどお客様が発信する「アーンドメディア（Earned Media）」の3つを指します。

これまでの広告はペイドメディアを中心に行われてきましたが、従来のメディアはその影響力を落としつつあります。その一方で、誰もがメディアを持てる時代が到来しました。お客様が媒体を持てるのであれば、広告主も持てるはずだ。それが、オウンドメディアです。また、ソーシャルメディアを活用し、評判を増幅させるアーンドメディアも定着し始め、状況は変化しつつあります。

3つのメディアのどこに重点を置くかは、企業によって、またお客様のタイプによっても異なります。当社は、商品が高額で購買サイクルが長いことからオウンドメディアがよいと判断したのです。広告主によっては、自社メディアを媒体として売るところも出てきています。日本で初めて自社メディアの販売を始めたのは日本コカ・コーラ株式会社でした。同社は、オウンドメディアを、お金を払ってもらう意味でのペイドメディアに持っていこうとしています。商材が日用品である花王はアーンドメディアを強化する——といったように、広告主も変わりながらネット時代に適合しなければ生き残れない時代なのです。

3メディア×3スクリーンの9つの戦略を考えるとき、9領域すべてに関わってくるのがサイネージです。広告主にとってネットにつながることの価値は効果測定しかなく、それに尽きます。コンテンツが自由に出し分けられるといった利点は、小さい話なのです。

ホンダは、ネット、テレビCM、紙媒体などすべての媒体の広告効果を自社サイトのアクセス数で測定しています。広告は今、世界的にもブランディングという言葉が消えて、「ROI」(Return On Investment)のアカウンタビリティが求められる時代に突入しました。広告効果を数値化し、費用対効果の高い媒体を選ぶのです。

ある一定以上のアクセス数があるWebサイトや、キーワードで検索して上位にヒットするサイトであれば、自社メディアを活用したアカウンタビリティは可能である。商品名はもちろんのこと、一般名詞でも1位を取れるようなサイト構造にすること。実際に、Googleで「優遇税制」を検索すると、ホンダのサイトが一番上にヒットします。現在のサイトアクセス数は、年間で9000万人。自社メディア強化の動きは今後も広がるでしょう。しかし、昨年から出始めたトリプルメディア・トリプルスクリーンという言葉が定着するまでには、まだあと10年はかかると見ています。

広告・コンテンツ業界からみたサイネージ

デジタルサイネージは、広告やコンテンツに新しいステージを提供する。苦境にある広告業界で新しい表現を開拓し、クリエイティビティを発揮できる可能性が広がっている。その一方で、ビジネスとしてサイネージをとらえると、まだお金が回る構造ができあがっていない、立ち上がりの時期だ。また、運用までに時間がかかる実態も浮き彫りとなっている。

広告業界、コンテンツ業界がサイネージをどう展望し、どのようにビジネスに結びつけていくのか。業界の先駆者はどう見ているのだろうか。広告業界で果敢にサイネージのクリエイティブ世界を広げている株式会社博報堂DYメディアパートナーズの島崎昭光氏、音楽専門の放送局としてサイネージ市場に参入している株式会社スペースシャワーネットワークの寺嶋孝直取締役、中尾邦彦氏に話を聞いた。

【サイネージならではのクリエイティビティを伸ばす】　株式会社博報堂DYメディアパートナーズ

当社では、デジタルサイネージを利用した新しい広告コミュニケーションを開発しています。2008年3月に、NTTレゾナントとgooのWeb検索のキャンペーンを赤坂サカスで実施しました。これは「フキダシステム」という、黒い物体に反応する動体検知カメラで人の毛髪部分を検知し、通行人の頭上付近の壁にフキダシを投影する技術を使って、検索キーワードを表示するものです。

歩いていると、自分の頭上の壁に、検索キーワードのフキダシが出てくる。例えば、「転職」と書かれたフキダシが出る。すると、見ている人は、まるでいま自分が考えていることが出てきたように見える。それを楽しんでもらうのです。周りの人に「転職考えているの?」とツッコミを入れて遊んでもらう。当時は赤坂サカスのオープニングと重なったため、たくさんのお客様が参加され、テレビにも取り上げられました。

効果の課題はあります。サイネージは、CMなどのマス広告と比べれば、生活者への情報の到達規模で圧倒的に劣ります。さらに、ポスターなど従来の看板広告に比べてコストがかさむため、費用対効果を打ち出しにくく、広告主の抵抗感は否定できません。しかし、テクノロジーの新規性と表現の面白さがあれば、それはクチコミで広がり、メディアに取り上げられることにつながります。サイネージは技術の新しさで人を驚かせることができる。それはクリエイティブの手法のひとつであり、広告主もそこに期待を寄せています。サイネージに接触した人が実質10人であっても、テレビで取り上げられればそれ以上の波及効果が生まれるのです。

クロスメディアのキャンペーン企画の中でもサイネージのニーズは高まっています。ポスター1枚、CM1本では勝負しない。生活者の情報行動や購買行動にかなったメディアを使ってコミュニケーション全体を設計すること。サイネージは、ユーザーの参加や体験の機会を提供できる一つのタッチポイントとして、そのポテンシャルは高いと考えています。

現在サイネージを活用したクリエイティブに積極的なのは、映像作家よりもWebクリエイターです。Webは元来、映像はもちろん音声、文字情報などを含めた総合的な表現が可能な上に、インタラクティブ性も備えています。Webのディレクションができるということは、あらゆるデバイスやコンテンツをすべてオーガナイズできるということで、サイネージのクリエイティブディレクションと相性がいいと言えます。その中でもサイネージで一番大事なのはインタラクティブ性です。インタラクティブなコンテンツとなると、インターフェースが重要になる。外にある看板だからこそ、直感的に押せる操作性が求められる。これまでインターフェース作りに注力してきたWebデザイナーは、サイネージにそのノウハウを生かすことができます。

今後は、特定の時間やアンビエント（環境）に応じたクリエイティブを作っていきたい。日本は時間に厳しい国民性があります。7時には7時の情報を欲しがる。コンテキストにあった情報やアンビエントな表現こそ日本人に向いているのではないでしょうか。

【音楽だけにこだわらないTPOに合ったコンテンツ作り】

株式会社スペースシャワーネットワーク

開局以来20年を迎える当社は、音楽専門の衛星放送局から、インターネット、モバイル、そしてデジタルサイネージへとウィングを広げようとしています。テレビ、パソコン、ケータイからサイネージへと露出メディアも多角化する。そして当社はCS放送局であり、コンテンツプロバイダーとしての役割強化も行っています。しかしコトはそれほど簡単ではなく、新しいメディアのコンテンツビジネスを成立させていくのは、まだこれからの課題です。

サイネージ事業に着手して半年が経ちました。いま感じているのは、実際にコンテンツを求めているサイネージ媒体社が多いにもかかわらず、広告をとるのに精一杯で、コンテンツに払う予算を持っているところはほとんどないという現状です。コンテンツで、アドバルーン的に注目を集めたり、メディアの価値を高めたりしたいという認識はある一方で、そこにお金を払うビジネス規模にはなっていない。

当初からコンテンツの受注を目指していましたが、まずは実績作りのためにそれぞれのサイネージ媒体にマッチする音楽番組の編集や、サイネージ企画に合ったCM制作を検討したりするなど、デジタルサイネージ上でのコンテンツの可能性を探っているのが現状です。

ストリートメディア社（P・89参照）が運用する書店の携帯タッチサイネージに、新譜の情報、リリース情報、プロモーションビデオ（PV）の一部を編集して実験的に流した結果、無名のアーティストのPVであるにもかかわらず、2週間で100以上のタッチアクセスがありました。そこには、経済的な収益を生み出すためのどんな効果があるのか、今後なにをしていくべきかを考えるフェーズに来ているのだと思います。

JACLA（日本カーライフアシスト）の教習所サイネージにも新譜情報やPVを流しています。若い人が多く集まる場所柄、音楽番組が欲しいという希望があったためです。この事例では、生徒とコミュニケーションが取れるといった声も頂いています。

しかしサイネージは音が出せないケースも多く、音を出せない音楽PVコンテンツはつらい。フキダシを付けたり、キャラクターとテキストで雰囲気を出したり、あるいは風景的要素が高いPVを使うなど、苦労しました。

音楽だけにこだわっているということはありません。ニーズやターゲット、シチュエーションに合わせて、音がなくても動きだけで面白いダンスやアニメ、スポーツなどいろいろな知恵を出し合ったコンテンツを企画していきたい。

現在、街頭ビジョンでも約100カ所にコンテンツを出しており、これはPRとしてとらえています。これらの街頭ビジョンに提供する音楽番組は、番組内でCMをとれるモデルを採用しているため、そのスポット企画でビジネスを行います。CMだけを流していては、メディアの価値が下がってしまう。そこで効果的にCMが入り、オン・オフがきちんと分かる映像のロールを作る必要があります。いまはエンターテインメントCMの提案を考えています。2分〜3分程度の時間があり、見ていて面白く、かつスポンサーのメッセージがしっかり入っているCMを作りたいと思っています。

サイネージのコンテンツ制作力

デジタルサイネージのコンテンツを制作する現場は、どんな戦略を持ち、どんな課題を抱えているのだろう。Web制作のベンチャー企業である株式会社ニューフォリアの多田周平社長、中尾信一副社長、清水龍太氏と、ハイエンドな映像作品を数多く手がけてきた株式会社IMAGICAイメージワークスの刀根啓介氏、喜多村真氏に聞いた。

【Webの経験を生かし、サイネージコンテンツの基礎を固める】　株式会社ニューフォリア

当社がサイネージの仕事に着手したのは約1年前。これまで培ってきたWebの技術のすべてがサイネージに応用できることに気がつきました。２００９年に入って受注が増え始め、サイネージの広がりを肌で感じています。

受注内容はさまざま。当初はコンビニ向け、レストランチェーン向け、特定店舗内のポスターの代わりといったものが多く、最近はモバイルとの連携の依頼が増えています。各企業の広告費の削減により、広告よりも販促の案件が増えているためではないかと分析しています。広告のためであれば、必ずしもモバイル連携は必要ではありません。それが販促目的となると話が違ってきます。サイネージで気づきを与え、モバイルに誘導して購買させ、効果測定までしたいというわけです。

コンテンツ制作費は50万～２００万円のレンジが多く、制作費に大きな影響を与えるのが素材作成費です。素材作成のためにロケや取材を行うと、費用は一気に跳ね上がってしまいます。Ｗｅｂの場合、テレビ番組の制作のようにはいかず、テレビＣＭ素材の二次利用というかたちで制作することが多いのが現状です。サイネージもＷｅｂと同様に、ＣＭ素材の二次利用、または素材を作らずにＦｌａｓｈのみでの制作を求められることも少なくありません。実際、サイネージのコンテンツ制作は、ＷｅｂのＦｌａｓｈバナー制作にとても近い。人が短時間に認識できる情報量は限られますから、短い時間に読める文字の数と大きさで伝える必要があります。そして通常、サイネージコンテンツはＷｅｂよりも制作効率が高い。Ｗｅｂはコーディング等の作業が必要ですが、サイネージは作ったものをそのまま使える利点があるのです。

課題は4つあります。

❶ディスプレイサイズがバラバラである

このためコンテンツの流用ができない。Webであれば、モニターサイズがバラバラであったとしても、デザインや表示領域の調整により、この問題を回避する手段がある。しかし、サイネージの場合には、ディスプレイごとにゼロからコンテンツを作り直す必要が出てくる。システム側でこの問題を回避できるようになると、今後の広がりが出てくるのではないか。

❷仕様が決まっていない

テレビのコンテンツはお茶の間で、Webのコンテンツは自室や会社で見ることを前提に制作されている。しかし、サイネージのコンテンツは、その場所や見方（滞留時間）でまったく変わってしまう。こうした環境を踏まえた上で、基準となる仕様がある程度固まれば、これまでWebやモバイル向けのコンテンツ制作経験しかない会社でも、サイネージの分野に参入することができるのではないか。

❸特性を理解しているクライアントや広告代理店が少ない

サイネージに適しているのは、直感的に分かるコンテンツ。基本的にはワンメッセージが理想。しかし、クライアントはたくさんの情報を詰め込むことを求める場合が多い。テレビと異なり、誰もが同じ環境で見るとは限らないのがサイネージ。設置環境をしっかりと把握して、サイネージを導入する目的、訴求内容を考慮したコンテンツを制作／放映することが重要だ。

❹総合プロデューサーの不在

制作にあたり、設置場所や地域情報の把握が必須になるが、それらが入手できなかったり、曖昧だったりすることが多い。これについては、トータルにプロデュースできる人がいないという状況がある。システムに詳しい人、コンテンツに詳しい人はいても、システム、コンテンツ、設置場所、設置する人のニーズなど全方向からのイメージを持ってサイネージの計画を行う人がいない。Ｗｅｂは10年かけてトータルプロデュースのできる人材を育てた。サイネージはＷｅｂの技術の流用であるため、もう少し短いスパンでできるのではないかと期待している。

今後はコンテンツのみでなく、設計・運用も含めてトータルにサイネージをプロデュースすることを展望しています。そしてそれに応じた適切なコンテンツ作りができれば本望ですね。コンテンツのヒントは現場にしかありません。「導入してよかった」とロケーションオーナーに言われるサイネージを作る。コンテンツからトータルソリューションへ、勢いよく市場を立ち上げる先兵となりたいと考えています。

【展示映像で培ったノウハウを武器に、コンテンツ文化を切り開く】

株式会社ＩＭＡＧＩＣＡイメージワークス

当社は、展示演出を長く手がけてきました。今でいうサイネージの歴史は、つくば万博まで遡ります。その後も、ハウステンボスや４年ごとの博覧会などでの大型映像の制作を受託してきました。そしてＢＭＷジャパンからの発注を皮切りに、ここ数年はデジタルで配信するコンテンツ制作に取り組んでいます。大型でハイエンドな設計が依頼の中心です。

サイネージにも大中小のレベルがあり、それぞれで求められるコンテンツはまったく異なります。大規模ネットワークを駆使したマス的なサイネージは、テレビからの流れのものが多い。マスに届けることを目的とするため、タレントが出演し、高度なＣＧ効果が使われますが、インタラクティビティは必要なく、一方的な発信になります。

中型の地域コミュニケーションや小規模ネットワークでは、インタラクティブの要素が増え、コンテンツにコストをかけられない中で、どう面白く見せるか、といった工夫が重要になります。たとえばお店のオーナー、スポーツクラブのインストラクター、教習所の先生など、特定の場所に属した人が、場に即した発信をする。手の込んだ演出がなくても、顔見知りが出演していることで、メッセージを受け取る側との間にコミュニケーションが発生しやすいコンテンツとなります。

テレビCMは、見る人に分かるように15秒間あるいは30秒間しっかりと作られますが、街頭でのサイネージではそれが最適とは言えない場合もあります。なにか言ってるな？　と思ったときにはもう他のCMが始まっている。短いメッセージを数回リピートするフォーマットで放映したほうが効果的な場合もある。宮崎あおいさんが映画のプロモーションで「観てください！」と叫ぶのを繰り返すサイネージ向けコンテンツは印象深く話題になりました。現状ではテレビのCMにひっぱられた15秒・30秒中心の編成が優勢ですが、今後はサイネージ独自のCMフォーマットが出てくるでしょう。

当社のサイネージ制作には、展示映像で培ってきたノウハウが生かされています。サイネージは空間が持つ意味によって演出の考え方が違ってきますが、情報を設計するといった面ではこれまでの技術・知識が生きてきます。サイネージ向けコンテンツ制作の人材面では、デザインも、Flashもアニメーションもすべてできるマルチな人間が求められるでしょう。

また、現状では編成が長期的に組まれているケースが少なく、仕事の需要が安定していないため、人を抱えるのが難しいという問題があります。小回りの利くデジタル出版の会社、制作会社、印刷業界の人のほうが、実はサイネージに参入しやすいかもしれません。

サイネージ全体のコンテンツ品質は必ずしも上がってきているわけではありません。これは予算の制約と作る層の広がりが原因と見ています。しかし、Webの出始めのころも、印刷物との間にあった大きな質の差がだんだんと縮まったように、今は過渡期。Webクリエイターがたくさん出てきたのと同様に、プロのサイネージクリエイターが生まれてくるはずです。

コンテンツにもっとお金をかける気になるようなプロモーションが早急に必要。競合相手との差別化を図るためのコンテンツの充実が流れになっていけばそれは可能ではないでしょうか。また、コンテンツが再利用可能な環境をつくることも重要です。再利用が可能になれば、よいコンテンツが自然に使われ、残っていくでしょう。現状で、コンテンツが再利用できていない理由としては、権利処理の問題、ネットワークごとの壁の問題もありますが、意識の問題も大きい。コンテンツがたまっていくことが大切だ、という意識が低いのではないでしょうか。

現在弊社にオーダーが多いコンテンツには大きく分けて2つの傾向があります。1つはストーリー性のあるコンテンツ。サイネージが媒体として注目度を高める上で物語は重要なファクターとなります。もう1つは、空間全体を囲うコンテンツ。球体全体がスクリーンになっていたり、あらゆる面をスクリーンにして映像を投影したり。豊かな発想でサイネージのコンテンツ文化を切り開いていきたいと思っています。

⊞ サイネージ・クリエイターの登場

サイネージのコンテンツを創造していくのは誰か。どのようなクリエイティビティーが必要で、そういう人材をどう育成・確保していくのか——これはサイネージの将来にとって最大の課題となる。そのヒントを得るため、クリエイターを育成するデジタルハリウッド大学の杉山知之学校長、矢野浩二氏、そして面白いサイネージの企画を実施している株式会社しくみデザインの中村俊介社長に聞いた。

【街をエンターテインメントに】　デジタルハリウッド大学

当校は「それは本当に面白いのか？」ということを追求し続けています。サイネージは単なる四角の枠ではない。街を舞台にして人をどうコミュニケーションさせるのか、リアルにそこにいる人をどう楽しませるのか、そのための仕組みと考えます。

現在、サイネージについては、人材育成と産学官の連携プロジェクトの両方から取り組んでいます。人材育成に関しては6回のプレ講座を開始し、4月からの本格スタートを目指しているところで、これが世界初のサイネージ講座となります。「デジタル表現をなんでも学べる学校」

を標榜しているデジタルハリウッドは、総合力を培わなくてはならないサイネージに向いていると言えます。早く、サイネージアーティストやサイネージクリエイターを生み出したい。

学生に常に伝えていることは、「すべてをエンターテインメントにせよ!」。これが大学のモットーで、世の中からつまらないことを一切なくすことに挑戦しています。

映画がやりたい、Ｗｅｂがやりたいなど、領域を絞って入学してくる学生が多いのですが、これから先に広がる世界は、メディアの境も区分もなくなり、すべてをデジタルで表現する時代。手元のケータイから、都市にある数百インチの大きなディスプレイまでがシームレスにつながってしまうサイネージは、まさに来るべき時代の姿なのです。ＣＧ、Ｆｌａｓｈ、プログラミング、センサー技術、それらすべてを活用した総合的なアウトプットがサイネージです。

例えば産学官連携プロジェクトでは、日立やサンリオと組んで、顔認識技術を活用したインタラクティブサイネージの実験を、サンリオピューロランドにおいて実施しました。ディスプレイの前に立つと、子どもたちの顔が有名キャラクターの顔に変わります。キャラクターの力もあって、他のアトラクションに負けないほど、お客様が集まってくれました。そして、子どもたちは勝手にどんどん遊んでくれます。最後に、キャラクターになった写真を撮り、その受け渡しを行いました。これには人を集める、人を誘導する効果を試したかったという理由もありました。

また、秋葉原の街作りにも着手しました。まずは秋葉原をエンターテインメント化するブランドコンセプト作りから始めています。第一弾として、「正しい情報を流さない」実験を考えています。街の中の人気スポットで、謎の情報ばかりが配信される。変な情報が流れていて面白いから行ってみよう！　という流れをきっかけに、街をエンターテインメント化する。

今後は、都市景観とサイネージのバランスを考える人材が必要になると予想しています。そこにある壁が空いているからサイネージを取り付ける――というものではなく、初めからサイネージが都市に内包されているという発想で街作りをしていく必要があるでしょう。

サイネージコンテンツで大事なことは、ユーザーが好奇心に負けてしまうものを作ること。例えば、四角い枠でなく、縦1本の線でクリエイティブな表現がしたい。街にピョコンと現れた縦の1本線だけで人をどこかに誘導してしまう、そんな創造性。情報があふれる世の中では、つまらない看板は簡単に見過ごされます。しかし、作り手の意図が予測できて、それでもなお惹きつけられてしまう、そういう表現があるはず。それがコンテンツの力です。単にかっこいいデザインをすればいい時代はとっくに終わっているのです。

情報の提示がコミュニケーションではない。感じた人が何かを思うのがコミュニケーション。技術はそろっている。その上で楽しいコンテンツをきちんと提示する力が求められています。サイネージには無限の可能性が広がっているのです。

【「あそこにいけば面白い」という場所をつくりたい】　株式会社しくみデザイン

当社は、ユーザー参加型のコンテンツに力を入れています。インタラクティブサイネージの広告効果は絶大で、そこに着目した博報堂ＤＹメディアパートナーズが、日本で初めてとなる街頭の大型サイネージを活用した広告展開を企画しました。代表的なコンテンツは「ゲゲゲの鬼太郎」の映画公開告知広告で、画面の前に立つと鬼太郎になるというもの。鬼太郎になった瞬間に、周りのみんながケータイで写真を撮る（写真35）。撮った写真は、メールで友達に送るかブログにアップします。そうすることで「道頓堀で鬼太郎にされました、ロードショーが始まるらしい」という文言とともに送られたメールが、勝手に宣伝してくれるのです。

また、同じく博報堂ＤＹメディアパートナーズおよび博報堂の企画・制作で実施した阪神甲子園球場での展開は、阪神タイガースファンの顔を虎にしました（写真36）。チェンジのときに流すアサヒビールのＣＭで、普段はトイレに行ったり、飲み物を買いに行ったりする観客の多くが座席に留まって注目していました。

サンリオピューロランドでは、株式会社サンリオエンターテイメントと共同で、ハローキティ、けろけろけろっぴ、ウサハナなどのサンリオキャラクターに変身させるサイネージを展開（写真37）。それまでほとんど見られていなかったサイネージに、人だかりができるようになりました。

「好体験」を生み出すものを作りたい。そこに行かなければできない経験をいかに作るかが大きなポイント。サイネージに対するユーザーの地域差はあります。大阪の人は我先にとサイネージの前に立ちますが、福岡・熊本・鹿児島の人は恥ずかしがり、初めは周りで見ていて、5分くらい経ってから実際に体験してみるといった違いが見られます。東京は規制が厳しい。新宿や、渋谷などで実施したいのですが、ゲリラライブの問題などと一緒にされて、ストップがかかってしまいます。広告としては見てもらわないと困る一方で、面白くて人が集まりすぎるのも問題だと言われるのが東京です。

音も大切。ハロウィーンのサイネージでは、お化けの前を通ると「ぱん！」という音とともにお化けが消えていきます（写真38）。音で注意を引き、何が起こるのだろう？ と思わせておいて、最後にはかぼちゃやアフロの顔になる。また、ビアガーデンの広告でも、サイネージの前を通りかかると自分の体が燃える。ボールを投げると火の玉が飛ぶ。指だけ動かすと手に火を持てる（写真39）。音は動き方で微妙に変わるように制作しました。燃えている写真を写メで撮り、それを店で見せると割引してもらえる。

演奏するサイネージもあります。琴、尺八、鼓、鈴などの音が埋め込まれており、体を適当に動かすと音楽が自動的に生成されます（写真40）。マリンバ、ピアノバージョンも常備、鍵盤などはあえてつけない。なんとなく演奏した気分になれるのがいい。気持ちよくダンスをしていると音楽になり、音楽に合わせて動き始めるとまた音楽が変わる仕組みです。

狙いは、無限プチプチのような、意味がないけれど気持ちいいもの。サイネージは、こりすぎてはだめ。何も考えなくても分かり、参加できて、気持ちよく、そして満足できることが大切。もちろん広告なので、1人の人がずっと占有してしまうようなコンテンツも向かない。ちょっとやって楽しいな、くらいがベストですね。その点、子どもに受けるものは大人にも受けます。子ども受けしないものは難しすぎるか、そもそも間違えているか。見ている人にとって広告かどうかは関係がないのです。面白く、楽しく、気持ちよく、が大原則と考えます。

サイネージは、センサーをつけて、年齢や性別を判断し、それに合わせたコンテンツを出すなど、きちんとやりすぎているのではないでしょうか。たとえば30代男性だからといって、たばこのCMを出されても迷惑な人もいます。そのようなコンテンツは、情報を出す側の意図を押しつけてしまっています。

今後の目標としては、参加型を当たり前のものにしたい。また、数を増やしてメディアにして広告を取るという話が多いのですが、むしろ数は少なくても「あそこに行けば面白い」という場所をつくりたい。面白いから人が集まるランドマークをつくり、その上でそこに広告を入れる。数を増やしてメディアにするのではなく、人を集める力のあるものを創って、それをメディアにするのが我々のやり方です。

写真35

「ゲゲゲの鬼太郎」の映画公開告知広告で、画面の前に立つと鬼太郎になるサイネージ

写真36

阪神甲子園球場で阪神タイガースファンの顔を虎にした

写真37

サンリオピューロランドでは、サンリオキャラクターに変身させるサイネージを展開した

写真38

ハロウィーンのサイネージでは、お化けの前を通ると「ぱん!」という音とともにお化けが消えていく

写真39

ビアガーデンの広告では、指だけを動かすと手に火を持てる

写真40

琴、尺八、鼓、鈴などの音が埋め込まれており、体を適当に動かすと、音楽が自動的に生成される

田 公共機関（学校、病院、役所）でのサイネージ利用例

慶應義塾大学日吉キャンパス。学食はチャーミングな女子大生や学ラン体育会の猛者で賑わう。フロアの隅には天井から黒い大型の横長ディスプレイが下がり、「２００９年 塾内卓球大会」や「落語研究会 慶應名人会」といった学生に向けた情報が流れている（写真41）。

立教大学新座キャンパスでは、売店の前などの人通りが多い場所に縦長40インチの液晶を６台設置。こちらは白いアクリルの下置きタイプだ。休講や教室変更のお知らせや、学校行事の案内、オープンキャンパス向け学校紹介などを提供している。６つのディスプレイはネットワークで連結され、時間帯によって情報内容を機動的に変更している。システムは入力が簡単で、表示も柔軟に調整できるよう工夫されている。教室変更の多い４～５月や休講情報の多い５～６月、11月には表示するデータも増えるため、操作性のよさは重要なポイントだという。

広島市立大学のキャンパスに置かれたサイネージでは、休講、補講、教室変更等の講義情報が中心の情報が配信される。その一方で、市内３カ所に据えたセンサーから送られるCO_2濃度データを表示したり、食堂に置かれたＷｅｂカメラで食堂の混雑状況を見せるといったリアルタイム情報の配信にも積極的だ。広島大学内のディスプレイも今のところ行事・イベント情報が中心だが、動画コンテンツは学生が制作・編集している。

このようにしてデジタルサイネージは、広告以外の領域にも広がっている。前述のとおり、学校では掲示板や廊下、教室での情報共有の手段として利用されている。公共施設におけるデジタルサイネージは、広告メディアであるだけに留まらず、特定の人々が集まる場での情報共有、交流の場としての活躍に期待がかかっているのだ（図13）。

小学校での先進事例もある。カトリック・ミッションスクール「静岡サレジオ小学校」では、国語、算数などの基礎学力の習得はもちろんのこと、コンピューター学習や国際教育も重視する。この学校では、1年生から4年生までの各教室にプラズマディスプレイを導入しており、授業ではイラスト入りの英単語カードや、教員が撮影したデジタルカメラ画像などの映像コンテンツで児童の興味を引きつけ、集中力を高める工夫をしているという。

また、毎朝の全校朝礼がテレビ放送されている。校舎内の放送室には、2台のデジタルビデオカメラやマイク、スイッチャーなどが用意されており、放送委員の児童による制作の下、各教室に向けて放送を行っている。

他方、病院でもデジタルサイネージの活躍は目覚ましい。東京大学医学部附属病院。受付の上部にあるディスプレイで診療室への誘導がなされる。それぞれの診療室の扉にもＮＥＣ製のサイネージが診療の順番や待ち時間を知らせている。名前ではなく受付番号で呼出しする方法に変わったことで、患者さんのプライバシーが確保され、診察室への誘導もスムーズになった。診察後は、案内に従って支払い窓口や薬局へ移動する（写真42）。

名古屋第二赤十字病院では、ディスプレイシステムだけでなく、診療の順番が来ると自動音声で受付番号を呼び出す「お呼出し表示デジタルサイネージ システム」を導入。待合室だけでなく、ホールや廊下、レストランなどのディスプレイにも呼び出し状況が表示されるので、実際に呼出しがあるまではある程度自由に過ごせるようになり、待ち時間のストレスが軽減されたという。

医療機関のサイネージ需要と、その期待感は大きい。病院での情報掲示、患者への情報伝達を行う手段として電子掲示板システムの導入が増えている。病院間の競争環境の激化からも、サービス向上策として普及スピードが高まっている。

これまで病院での情報掲示は、紙に書かれたチラシが多く、掲示板はこうしたチラシであふれていた。行政からの案内文や保険料に関する通知、あるいは医局ごとの連絡など情報はすべてが重要なものだ。各種検査の日程や休診日の案内などを表示すれば患者も助かる。

システムで内容を一括管理することで、各種情報が統一され、紙での掲示も減り、美観も向上する。受付から待合い、診療、会計までの一連の流れを分かりやすく掲示すれば、患者が時間を有効に使えるようになる。もちろん、各種の情報や広告を配信する機能もある。病院という場は医療・保健・健康に強い関心を持つ人々が集まっている。そして、待ち時間にじっくり広告を見てもらえる、という点で媒体価値も高い。

地方自治体など、公営のサイネージも広がっている。キーワードは「住民参加サイネージ」だ。中心市街地活性化を目指す千葉市では、屋外サイネージ3台を活用して、地域商店街のお店検索、市のお知らせ、観光情報などをタッチ検索できるようにしている。商店街の情報は、各店舗のオーナーが写真やプロフィール、イベントなどの情報を自分のパソコンから更新する。ケータイサイトのURLを搭載できる仕組みも含め、商店街は無料でコンテンツを配信可能だ。当初30店舗だった参加店舗数が、いまでは200店舗を数えるまでに成長した。更新数が多い店舗ほど画面の最上位に表示される仕組みが参加意識と情報鮮度を高め、月1万数千回という高いタッチ数を誇る。すでに街のコミュニケーションツールとして欠かせない存在になりつつある。

東京都足立区の北千住駅は、1日の乗降客160万人。その西口にある公設公営の378インチ大型ビジョン「あだちシティビジョン」は、街のコミュニティビジョンとして活躍している。足立区の旬の情報を毎日配信し、その内容は多岐にわたる。区の各部署からの広報番組「あだちシティファイル」、区内の産業や観光事業を紹介する「あだち最前線」、学校からの投稿番組

「School Project」、区民が一言メッセージを伝える「ビジョンDEメール」など、地元に密着した番組が多い。番組はケーブルテレビ足立や新聞社などが提供し、コンテンツは足立区産業振興課がつくるもののほか、区民や学校が作ったものなども受け付けている。

福岡・コメルの街ビジョンでは、警察署が「午後11時11分、ひったくり逃走がありましたが、犯人がつかまりました」といった情報をリアルタイムで流している。これにより街の人々の防犯意識を高めるのだという。これも行政利用の好例だ。

写真42

3面のディスプレイを使った東京大学医学部附属病院外来の受付。待ち時間や呼び出し番号などを表示する。病院でも、サイネージの利用が急速に広がっている

写真41

慶応義塾大学のサイネージでは、学生に向けたイベントなどの情報が流れている

図13 デジタルサイネージは、特定の人々が集まる場での情報共有、交流の場としての活躍に期待がかかっている

田 未来のサイネージ

システム、表示手法、コンテンツそれぞれが急速に進化・発展しているデジタルサイネージは、今後どのような方向に進むのか。そして、そのインターフェースにはどのような可能性があるのだろうか。その可能性を探るため、最先端のデジタルシステムを開発し、未来のユビキタス社会を提案し続けている株式会社内田洋行を訪ね、若杉浩一氏、井上信介氏に話を聞いた。

【無人駅の情報提供システム「ITかかし」】　株式会社内田洋行

田園地帯の無人駅にたたずむ全高約3メートル、最大直径45㎝の「ITかかし」（写真43）。それが、無人駅における情報提供システムとして、千葉県木更津市のJR久留里線・馬来田駅に設置された。田畑に立つかかしのように、のどかな風景の中で駅を見守る温かさを感じる。

このITかかしは、中央の駅や隣駅からの情報を伝えるためのスピーカーやLED、駅利用者を安全に見守るWebカメラを備えています。GPS機能を応用して、列車が前の駅を通過したことを音声と電光掲示板で通知したり、利用者に「おはようございます」「おかえりなさい」

と話しかけたりもします。経費削減の産物としての無人駅であるため、ＧＰＳ機能付き携帯電話を利用した低コストのシステムを実現しました。ＪＲ東日本研究開発センター フロンティアサービス研究所との共同研究による成果です。

現在ＪＲ東日本の管轄にある１７０５駅のうち、約35％が無人駅です。ＩＴかかしは、そうした無人駅でのサービス向上を目指して開発しました。特徴は、Ｗｅｂカメラでホームの様子や駅周辺の風景を撮影できること。いたずらが少なくなり、安心感を与えています。

また、ネットワーク機能を利用して、各地域が地元のお祭りの情報などを中央駅の情報端末に配信することも可能です。このほか、映像に地域企業の広告を載せることもできます。地域住民が情報更新することで、だれもが知っている観光情報ではなく、地元の人しか知らないような情報をアップできるというメリットもあります。地域に埋もれていた情報を掘り起こし、無人駅の価値を再構築する。無人駅は、これまでも地域の人たちが守ってきました。そういった地域ボランティアのエネルギーや自治体のエネルギー、企業のエネルギー、周囲の人々のエネルギーを集約させる仕組みとしてＩＴかかしは存在しているのです。

当社は図書館のＩＴ化にも取り組んでいます。最近、世界中で図書館のリノベーションが進んでいます。そこには、図書館を単に本を読む場所ではなく、ほかの施設との連携、地域の工芸品・産業の発表の場の提供など、機能を複合化し、地域の情報ハブにしていこうという動きがあります。お酒を飲めるコーナーや、イベントスペースを併設した図書館まで登場しています。地域の産業や人と人をつなげて、場を活性化していく取り組みのひとつになっています。

図書館は、アナログの情報と新しい情報システムが融合する可能性がある空間。韓国では、図書館の倍増政策を打ち出しているといいます。図書館の在りようは、日本が最も遅れており、図書館が保有する膨大な数の貴重なデータベースを上手く外に発信できていない。書店では場所の工夫、POPの利用など限られたスペースで最大限に本のPRをしますが、図書館にはそれがありません。

そこで、本に「RFID」（Radio Frequency Identification）を付けました。読み取り台にかざすと、その本に関連する情報が表示され、タッチパネルで同じ著者の本の紹介、レコメンドなどの関連情報を見ることができます。アマゾンと同じような情報が得られるシステムです。図書館の中の蓄積された知を集約して、利用者に提示する。利用者は、気がついたら有益な情報を得ていた――そういう設計が大切だと考えています。

ほかにもRFIDを活用した面白い事例があります。大阪・なんばパークス内にオープンした、ジャズと落語という和洋の伝統ある音をテーマに、インテリア雑貨やCDをそろえるライフスタイル・ショップ「&音（あんどん）」に導入した試聴システムを紹介しましょう。

CD売り場にある一見ごく普通の木製の棚に、RFIDが付いたサンプルCDを置くと、収録曲を試聴できる。さらに、試聴しながらライナーノーツや、CDのジャケット、関連CDなど膨大なコンテンツを閲覧することができます（写真44）。試聴機はたくさんありますが、これまではインターフェースがあまり洗練されていませんでした。「良さそうだな」と思い手に取ったものが、そのまま聴けるのがいい。公共の空間でタッチパネルを操作するのは難しい場合がありますが、実物を手に取るだけなら、高齢の方でも無理なく試聴していただけます。

また、メルシャン株式会社と共同開発したワイン検索システムは、ゆめタウン広島など7拠点に導入されています。ワインボトルのバーコードをかざすと、ラベルだけでは分からないワインの詳しい情報が表示されるというものです。ほかにも、味わいや価格、料理との相性などの条件から、お薦めワインを検索することも可能です。この仕組みをさらに進化させたのが「コンテンツマイスター」。RFIDがついたワインボトルをICタグボードの上に載せると、モニターにそのワインの味、酸味、産地、値段――などの情報が現れ、お薦めの料理も教えてくれる。その隣には、「STYLISHPOS®」というレジがあり、商品を置くとカウンターが画面になって明細が表示されます。

駅空間での直感的な目的地案内システム「Cochira」は、自分の行きたい場所を画面で選択し、Suicaをタッチすると、本体の先端部分に付いた〝指〟のような動きをする矢印が、「こちらですよ」と指差し案内してくれる（写真45）。案内された方向に進み、途中で迷ったら近くのCochiraにSuicaを再度タッチすると、再び〝指〟が動き、正しい方向を指し示してくれる。単体の情報端末や2次元の案内サインでは実現できなかった個人に向けたサービスです。

このほか、「プロジェクションテーブル®」は、その名のとおり、プロジェクション機能を持った円形のテーブル。RFIDがついている透明なアクリルキューブをテーブルに置くと、キューブに埋め込まれた情報がテーブルに表示されます（写真46）。当社ショールームの入り口には、内田洋行の歴史を文字と音声と映像で解説するプロジェクションテーブルを設置しています。企業年表をグラフィカルに表現した壁の中から、アクリルキューブを取り出し、テーブルトップに置くと、照明が暗くなり、映像がテーブル上に浮かび上がります。同様のシステムは、ミズノスポーツ財団資料館、ピジョンのショールームでも体験することができます。また、こうしたショールームで活躍しているのが「けんさく君」。商品の値札にRFIDがついており、けんさく君の画面にかざすと商品の紹介が表示されます。そして、その商品の色や形を変更してみたり、部屋の中にその商品を置いてみたりといったバーチャルなシミュレーションも可能です。

オフィス内情報共有ツールは、社員がパソコンに入力した情報がオフィスの中に設置した10枚のディスプレイにリアルタイムに表示されるというものです。新人の自己紹介やイベント参加報告など内容は自由。臨場感が共有でき、社員同士で盛り上がります。

ｉＰｏｄ ｔｏｕｃｈを利用した情報表示端末「ポットデ」もユニークな作品です（写真47）。製品の説明用タグをデジタル化したイメージで、大型のサイネージディスプレイとの連携も可能です。製品に興味を持つと、詳しい情報をサイネージに表示、または自分のケータイに送信します。これは慶應義塾大学と共同研究したもので「慶應義塾大学SFC Open Research Forum 2009（ORF2009）」でも「ＯＲＦ－Ｎａｖｉ」という名称で展示しました。入り口に90台のｉＰｏｄ ｔｏｕｃｈを設置、ｉＰｏｄ ｔｏｕｃｈ1台につき1つの展示ブースの内容が表示しています。興味があるものに触れると、90台が相互に連携をとりあい、その人の興味がありそうな内容に表示を切り替え、レコメンドしてくれます。こうしたパーソナルデバイスを公共の情報表示デバイスとしてどう使うか、いまはそこに関心があります。

写真43

田園地帯の無人駅にたたずむ「ITかかし」

写真44

CD売り場にある木製の棚に、RFIDがついたサンプルCDを置くと、CDを試聴できる

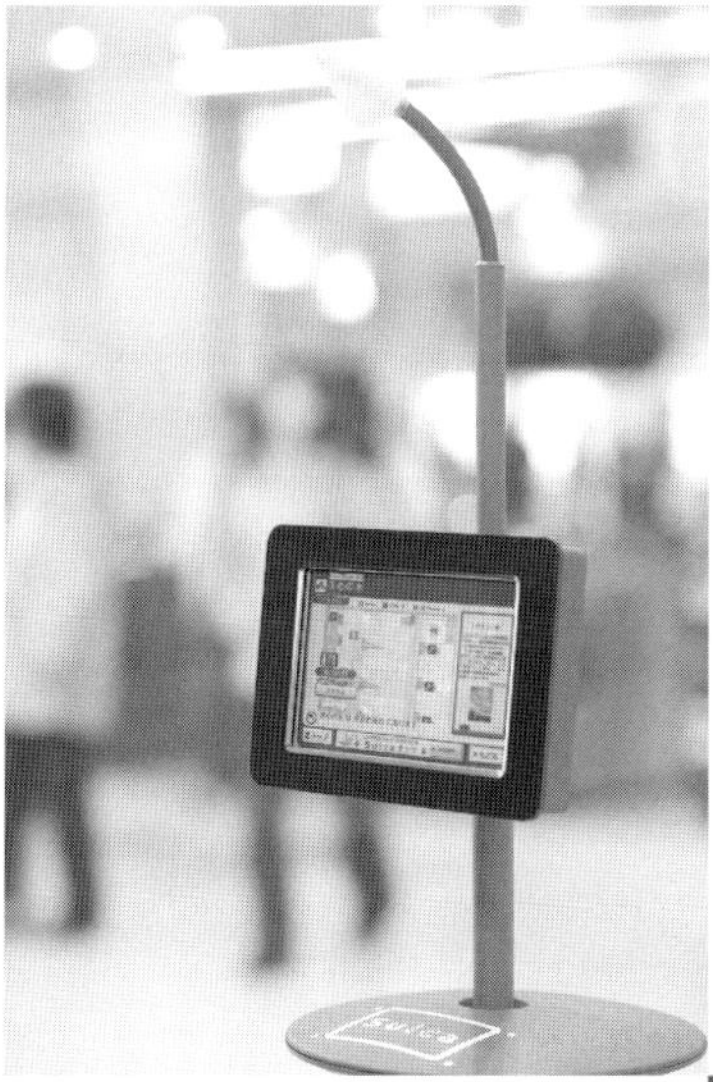

写真45

「Cochira」は、自分の行きたい目的地を指差し案内してくれる

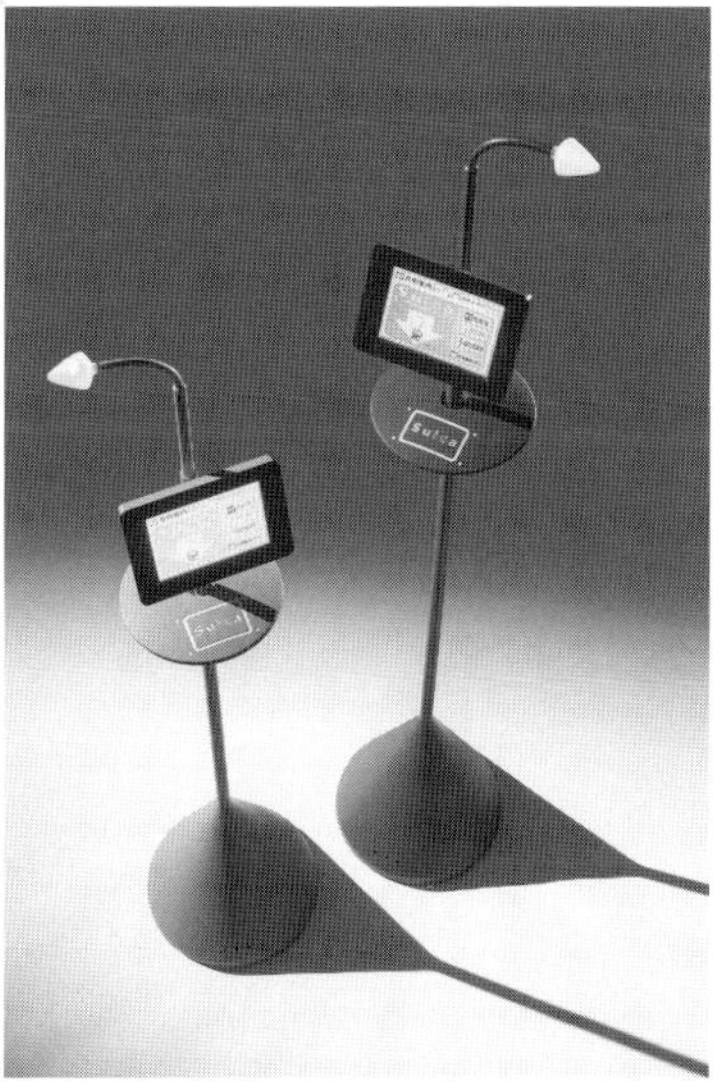

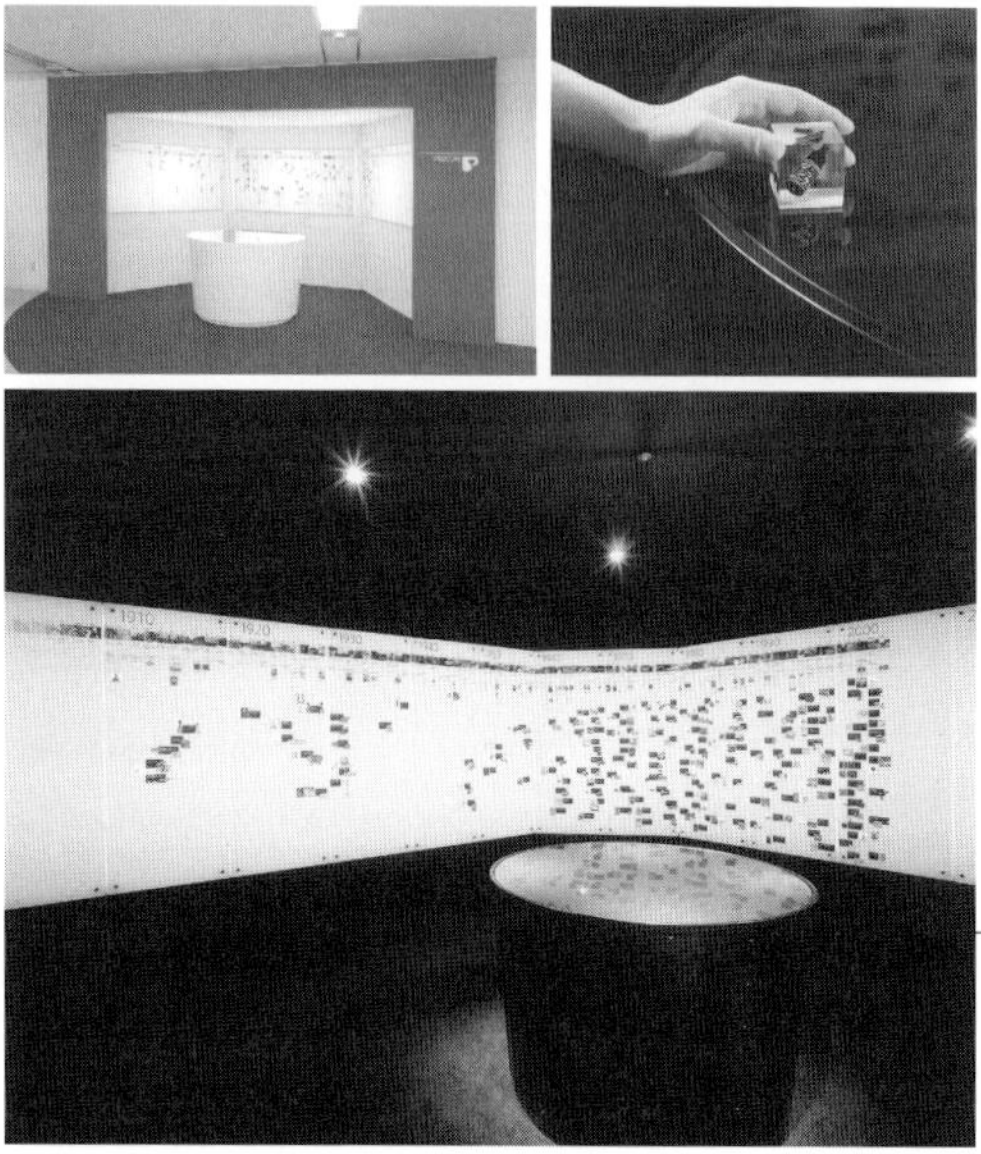

写真46

RFIDがついている透明なアクリルキューブをテーブルに置くと、キューブに埋め込まれた情報がテーブルに表示される

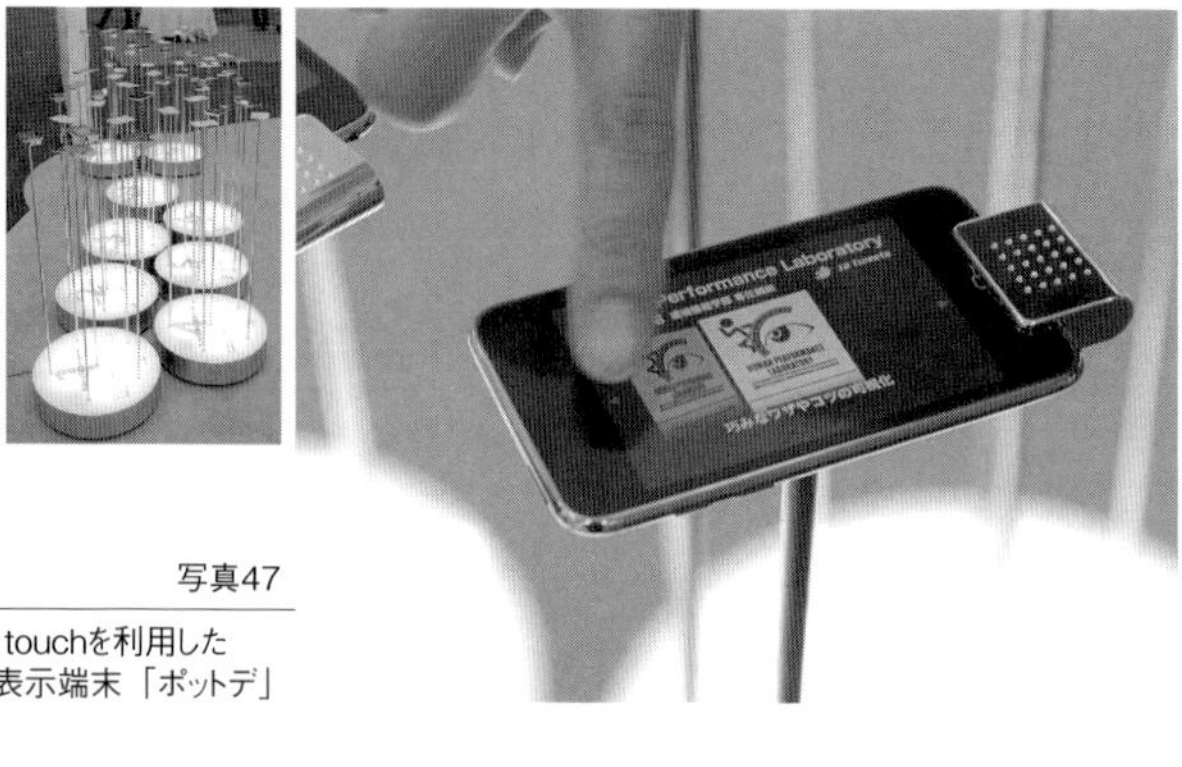

写真47

iPod touchを利用した情報表示端末「ポットデ」

Digital Signage

第4章

日本型デジタルサイネージの可能性

ものづくり力とポップ文化力の結合

２００９年7月、パリ郊外。「ＮＡＲＵＴＯ」「ドラゴンボールＺ」「犬夜叉」といった日本のアニメに登場するコスチュームをまとったヨーロッパの若者が大挙して押し寄せている。中には日本の女子高校生の制服を着て、ガングロやヤマンバになった——つまり、顔を黒く塗りたくった——白人ティーンエイジャーたちが、ＰｕｆｆｙやＡＫＢ48という日本の女性アーティストのライブに狂喜乱舞している。

これは毎年パリで開催されている、日本のマンガや映像などを紹介するイベント「ジャパンエキスポ」でのひとコマだ（写真48）。ジャパンエキスポは、マンガ、アニメ、ゲームを中心とするポップカルチャーと、書道や武道などの伝統文化とをミックスした日本文化のフェスティバル。１９９９年の初回に３０００名だった来場者数が、２００９年においては16万人に達したという。

２００９年8月に名古屋で開催した「世界コスプレサミット２００９」では、15カ国で予選を勝ち抜いたチャンピオンたちが集結し、コスプレの頂点を極めるバトルを展開した。筆者が参加した２００５年のコスプレサミットでは、日本・アメリカ・中国・ドイツ・フランス・イタリア・スペインで行われた予選に、各国で数万人に及ぶ応募があったと聞いた。ちなみに、そのときの優勝賞品は「日本旅行」。コスプレの聖地ニッポンへ行く夢が叶った上に旅行もできるとあって、各国の優勝者は興奮状態だった。

日本在住の外国人が日本のクールなものを取り上げて論議するＮＨＫの番組「クールジャパン」。筆者・中村も出演してみて、つくづく日本ブランドの広がりを感じた。彼らがクールと感じるのは、マンガ、アニメ、ゲームといった典型的なジャパンクールだけではない。マッサージチェア、居酒屋、宅配便、ママチャリ、デパ地下、包装紙、小学校の給食当番などなど。ものづくりやサービス、社会システムやライフスタイルにまで及んでいる。

かつてはハラキリ、カミカゼに代表される「闘う国家」が日本のイメージだった。戦後、日本は「ものづくり」の国となり、トヨタ、ホンダ、ソニーに代表されるグローバルに「闘う企業」に転換した。そしていまやこのイメージは、ＮＡＲＵＴＯ、ピカチュウ、スーパーマリオブラザーズに取って代わり、マンガやアニメ、ビデオゲームを中心としたポップカルチャーが日本の顔になった。産業国家から文化国家へ。日本はコンテンツの国になったのだ。

経済産業省によると、世界のテレビアニメの60％が日本製で、アメリカの日本アニメ市場は48億ドルに達するという（２００４年調べ）。「ポケットモンスター」は世界67カ国と2地域、「クレヨンしんちゃん」は世界46カ国で放映されている。日本のゲームソフトにおいては、その半分が海外に出荷され、輸出額は２３００億円に達する。これは輸入額の80倍に当たるという。

アジアだけでなく欧米の若い世代にとっても、日本は一種の憧れの対象となった。この状況は、テレビゲームが浸透し、日本のアニメが高視聴率を稼ぐようになった90年代にもたらされたものだ。日本は「失われた十年」の間に、対外的な顔を変えていた。そして、それは国内よりむしろ輸出先である海外から指摘され、日本側が後から気づいたものなのだ。このパワーを、あらためて日本から世界に向けて積極的に展開してみたい。

従来の日本製品は、高機能・高品質を売り物にして世界市場を開拓してきた。日本のポップカルチャーは、クール、ポップ、キュートなテイストを一般の商品やサービスにも付加し、新しい日本ブランドを作りつつある。マンガ、アニメ、ゲームが切込み隊長となり、その周辺にある音楽、ファッション、そして観光がタイアップビジネスを形成している（図14）。

80年代までの「ものづくり力」と90年代からの「ポップ文化力」。もちろん日本は「ものづくり力」を捨ててはいない。それをキープしたまま、ポップな面が海外からも評価されるようになった。その両方を併せ持つ日本の強みが、日本型のデジタルサイネージを形成する礎となっていくはずだ。

ディスプレイや通信システムを作るのは「ものづくり力」。そしてコンテンツは創造力と表現力、つまり「ポップ文化力」が担う部分だ。世界的な映像コンテンツの発信地、ハリウッドは、高精細の大長編スペクタクルにおいて他の追随を許さない。しかしサイネージに求められるコンテンツは重厚長大な映像ばかりではない。どちらかといえばもっと軽い表現だ。チラシをデジタル化したような文字ベースの情報、雑誌を画像化したような静止画、ホイっと動くＦｌａｓｈ――サイネージが普及するには、商店主や学生でもサクっと作れるこうしたタイプのコンテンツの広がりが必須となる。

その未来は、デジタル化の進展が左右する。90年代のマンガ、アニメ、ゲーム産業の成長は、急速に進んだコンピューターのダウンサイジング化とネットワーク化が推進力となった。新しい技術が新しい表現様式を生み出し、新しい販売・流通チャンネルを開拓した。そうして新しい文化、風俗、ビジネスを生んできた。例えば携帯電話によるコンテンツサービスはティーンエイジャーが利用の中心であり、ポップな産業分野を形成している。ＳＮＳや着信メロディ、占い、ゲームなどの遊びコンテンツは人気が高く、有料コンテンツとしての利用でいえばニュース、天気予報などの実用サイトを上回っている。

サイネージも、ポップな表現力と、デジタル技術との結合によって発展していくメディアであり、今はその総合力を発揮することが求められている。

写真48

毎年パリで開催されている
イベント「ジャパンエキスポ」

日本の女子高生の制服を着る
参加者

日本のアニメのコスプレをする
参加者

図14

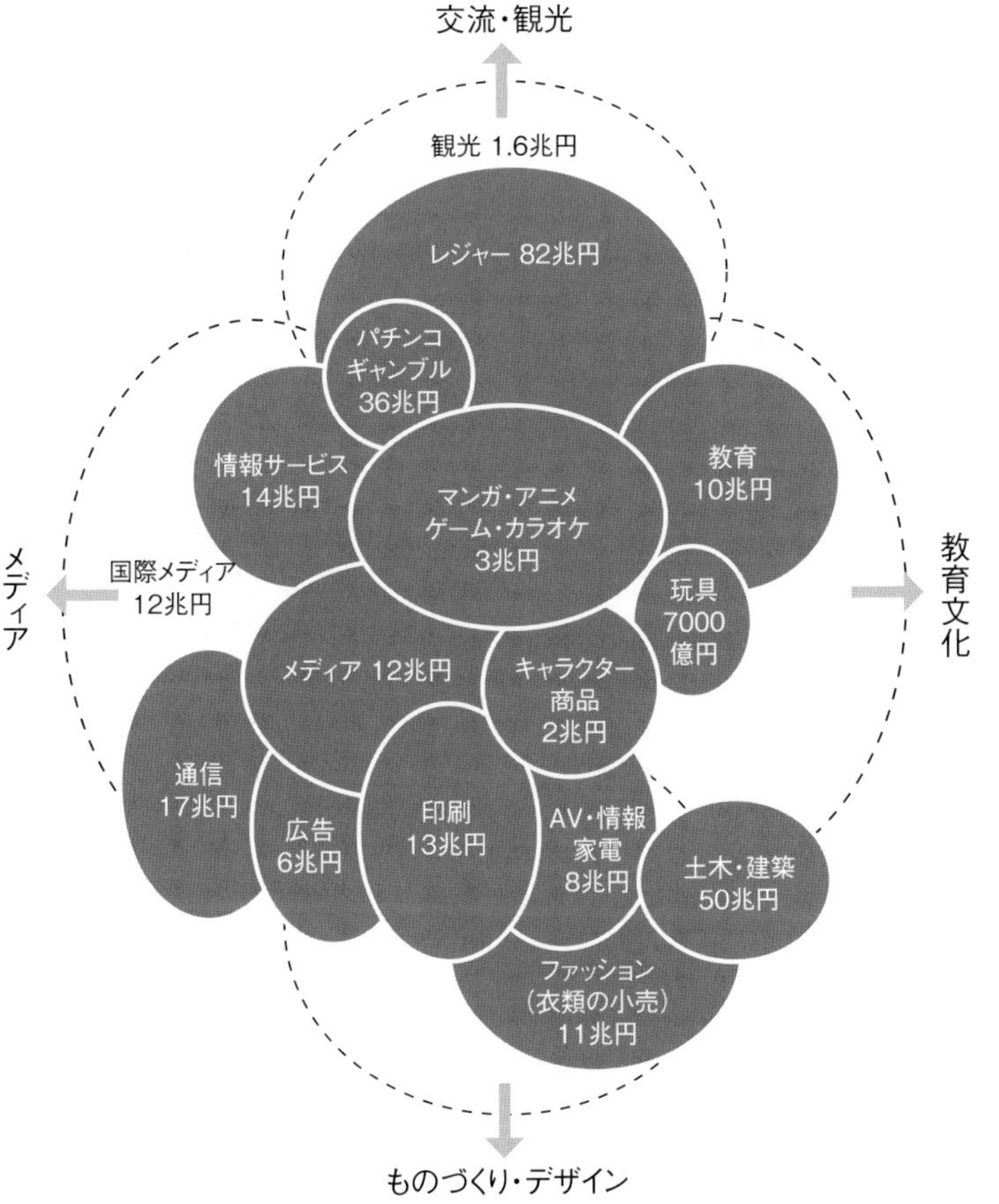

（2003年作成・小野打恵氏資料より）

ケータイと自販機

自動車教習所の国内利用者数は1日25万人。年間卒業者数190万人。教習生の95%は18歳から30歳の男女だ。この層をターゲットとしたデジタルサイネージを展開するのが日本カーライフアシスト社の「JACLAビジョン」。300以上の教習所に大型プラズマディスプレイを設置したこのシステムはケータイと連動している。ディスプレイに表示されたQRコードを携帯電話で読み取り、空メールを送信すると「JACLAアド」という広告メールが返ってくる。広告主のサイトへ誘引する仕掛けだ。新譜の着メロや待ち受け画面などの携帯コンテンツのプレゼントも行っている。

携帯電話を利用する点では、日本が世界を圧倒的にリードしている。世界から孤立した進化形という意味で「ガラパゴス症候群」と揶揄されているぐらいだ。海外でiPhoneなどのスマートフォンが普及しているといっても、まだまだビジネスユースの域にとどまる。一方、女子高校生の9割以上がカメラつきケータイを持ち、SNSやブログにギャル文字や写メを発信し続ける文化は日本ならではだ。これをサイネージと合体させることで、マス向けの大型ディスプレイと、個人の手のひらのケータイ端末とを連動させて情報の流れを作り、ケータイのもつ課金機能を生かして購買にもつなげる。サイネージ+ケータイのビジネスがどのように発展するかは国際的にも注目されている。

東京は赤坂にあるTBS放送センター。その1Fに風変わりな機械を見つけた（写真49）。ジュースの自動販売機のようだが「TBSケータイガイド」とある。正面の大型ディスプレイにはジュースやコーラの代わりに、四角いアイコンが4×4の16個並んでいる。アイコンには「世界遺産」、「はなまるマーケット」、「花より男子」などの番組のロゴが記載され、左下の画面では、出水麻衣アナウンサーが本機の使い方を説明している。

まずは「けいおん！」のアイコンをタッチして、右下にケータイをかざす。するとけいおん！の着うたや、公式着せ替えコーナーなどのリンクに誘導される。次に「JIN —仁—」をタッチしてケータイをかざすと、番組のケータイサイトに案内された。この自動販売機のような機械は、テレビ局が設置した番組プロモーション・サイネージなのだ。テレビも、ケータイとサイネージを使いつつある。

これらはいずれもサイネージからケータイへの誘導を組み込んでいる。大画面で情報を発見、認識させ、そこから個人の小さな画面＝ケータイに誘い込み、より詳細なメッセージを伝える。あるいは、クーポンなどのお得な価値を提供する。サイネージ自体は目立つが、あくまで情報を見るだけの装置であり、直接おカネは動かない。しかしケータイはクーポンでユーザーを呼び込んだり、ケータイ上での商品購入が可能なため、具体的におカネが動く媒体といえる。ケータイサイトの運営者にとっても、自社サイトにいかにアクセスしてもらうかが重要だ。デジタルサイネージとの連携でさらにアクセスを稼ぐ。ここに両者の共同作業が成立する。

これとは逆に、ケータイがサイネージの入り口となるケースもある。小から大への情報伝達だ。秋葉原のヨドバシカメラ前に設置された巨大ディスプレイの下で、ケータイを手にした親子連れやカップルが、画面に向かって何やら数字を打ち込んでいる。画面に色を塗って陣地を取るゲームだ。ゲームに勝つと、東芝のＷｅｂキャラクター「ぱらちゃん」のパーカーがもらえることになっている。携帯電話がサイネージ上のゲームを動かすコントローラーというわけだ。このゲームにはＹｏｕ Ｔｕｂｅからも参加できるため、リアルとネット双方の世界から複数のユーザーが体験を共有できる。このようなインタラクティブ・デジタルサイネージと動画共有サイトの連携は世界初だという。

総務省が２００９年度に実施した「ＩＣＴ先進実証実験事業」でも、サイネージとケータイの新たな連携策が企画されている。コンビニの店内などに設置が進む極小エリア基地局を活用し、エリア内にあるケータイを検知すると、そのケータイの属性情報をサイネージに通知する仕組みを実現。近づいてくるユーザーの嗜好に合った情報をすぐにサイネージに表示する試みだ。ケータイを鳴らすなどしてユーザーを近くのサイネージへ誘導し、ユーザーがあらかじめ登録した嗜好に合った情報を表示する。さらに詳細な情報は、店舗内の極小基地局経由でストレスなく入手することができる――。そういった一連の動線を想定した両者の連動実験だ。見過ごしがちなサイネージへの接触機会を増加させ、サイネージの広告価値の強化にも貢献するだろう。

日本は自販機王国。ケータイと並んで日本の強みといえるもう一つの機械が自動販売機だ。国内にはおよそ560万台が設置され、2006年度の売り上げは7兆円にのぼるという。自販機もサイネージの有望な舞台の一つだ。よく見るサイネージは、自販機の中に液晶画面が埋め込まれ、商品やキャンペーンの情報が流されるもの。24時間インターネットに常時接続できる自販機は、サイネージ機器となっていく。

各地にある自販機サイネージの例を紹介しよう。

「坂の上の雲」の放映で賑わう愛媛県松山市。駅を出て左手に歩くと、ジュース、フローズン、ホットコーヒーなど冷たい飲料と温かい飲物が売られているその右上部には小型のディスプレイが埋め込まれ、おすすめ商品のCMが流れている（写真50）。

また、広島市役所のロビーにあるのは、正面全体がタッチパネルディスプレイになっている自販機だ（写真51）。ドリンクを買うのも、インフォメーションを得るのも、CMを見るのもタッチで操作すればいい。一方、JR池袋駅の山手線ホームには、コカ・コーラの自動販売機とサイネージのコーナーがある。ブースの脇には隣のホームからも見える46インチの高輝度ディスプレイが2枚、内側には50インチのプラズマが1枚。自販機の横には19インチのタッチパネルと携帯販促ASPの「ピットタッチ」が備えられ、モバイルサイトに誘引する。駅の券売機もタッチパネルのディスプレイになるなどデジタル化、サイネージ化が進み、チケットを売るだけではない総合情報スポットになっていくことが予想される。

「タケショウ」が提供する自動販売機「アドポインター」は、自販機に20インチディスプレイを搭載したサイネージで、災害や防犯など地域情報を自販機ごとに指定して配信できる。自販機に設置したカメラで性別や年齢を特定し、ターゲットに合わせたコンテンツを表示する人物属性判断機能も備えているという。設置場所を選ばないですむよう、通信には最大7・2Mbpsの高速パケット網を使用し、今後はケータイとの連動も予定している。ほかにも、技術が集約された高度サイネージ自販機も登場しているということだ。

携帯電話と自販機。ここにも日本型サイネージのモデルが組み立てられそうだ。

写真49

TBSの番組プロモーション・サイネージ

写真50

松山駅にある自動販売機サイネージ

写真51

広島市役所のロビーにある、正面全体がタッチパネルディスプレイになっている自動販売機

⊞ 日本固有のサイネージ——コンビニ・カラオケ・パチンコ・ゲーセン

日本的なサイネージを求めて街を歩いてみる。コンビニ大国日本。街角では、看板の灯りが絶えることなく都会人の暮らしを支え続ける。アメリカで生まれたチェーン展開が日本に輸入され、商品管理や店舗展開の技術が発達し、いまではノウハウが日本から輸出されている。それでも他国のコンビニにおける、清潔感や商品の新鮮さ、明るさや安全度は日本に遠く及ばない。台湾を除きアジアでの展開はこれからであり、ヨーロッパでもコンビニは未発達の分野だ。

コンビニのレジには、来客に向けて中型のディスプレイが設置されている。金額表示の上にCMやプロモーション情報が流れ、支払い時の客に訴えかける。ある日のセブン-イレブンのレジでは、「くじで当てるガンダム商品、700円で」「家電エコポイント、nanacoで交換できます」「ファイナルファンタジーXⅢ、PS3予約受付中」。これらがそれぞれ15秒ごとにテンポよく表示されていく。またローソンでは、「ジョージア　10円引き」「EXILE　CDリリース」「STOP振り込め詐欺、ATM付近での携帯通話はご遠慮ください」。さらにファミリーマートでは、「ファミマTカード　ツタヤポイント2倍」「伊藤園キャンペーン」「おせち承ります」。その内容はなんとも日本的だ。

コンビニ巡りの次は、歌でも歌うか——。2009年1月8日付の英国紙「インディペンデント」は、英国人を対象にした英政府の調査で「最も重要と思いつつも最も不快に感じる発明品」として、日本発祥のカラオケが1位になったと報じた。カラオケの発明者・井上大佑氏は、1999年、米タイム誌で「毛沢東やガンジーがアジアの昼を変えたならば、井上はアジアの夜を変えた」と紹介され、2004年にイグノーベル賞を受賞した。

1971年に発明されて以後カラオケは、もう知る人も少ない8トラック、CDなどを経て、1980年代後半にレーザーディスク搭載のシステムが現れ、映像メディアとなった。1992年にはタイトーが通信カラオケを発売し、以降は通信メディアとして発展してきた。

カラオケ・チェーン「パセラリゾーツ」の中規模店に入る。まず驚いたのは、保有数60万というその曲数だ。世の中そんなに曲ってあったのか!?。少しチェックしてみると、筆者・中村が関わっていた少年ナイフの曲は、「Riding on the Rocket」、「Twist Birbie」など18曲。ボ・ガンボスにいたっては、「魚ごっこ」、「泥んこ道を二人で」など26曲がエントリーされている。これなら60万曲ぐらいはいくかもしれない。

場末感満載だった昔のカラオケと違って、ここは高級リゾート地の清潔感がウリだ。料理が充実していることもあり、昼は歌わず食事をとるだけのOLたちや家族連れも多く、全体の3分の1の時間はカラオケに使われていないとのこと。歌っていない間のディスプレイは絶好のCMメディア、密室サイネージである（写真52）。

「炎の料理対決」。この店が秋限定で行っているキャンペーン映像が流れ出した。韓国料理はトロサーモンのユッケにチャンジャと牛肉。対するイタリアは、タコとトマト煮込みとチーズのパイ包み焼き、サーモンのアーモンドパン粉焼き。なぜ韓国VSイタリア対決なのかの説明はないが、とりあえず注文する。

さらにCMは続く。「松田優作リターンズ。蘇る金狼　野獣死すべし」――おお、懐かしい映像。DVDの宣伝だ。「幻魔大戦DVD発売中」「KASABIAN武道館公演決定」「岩井あさみでーす。セカンドシングル、リリースでーす」。店の案内には、「大型テレビの完全個室にてご商談、プレゼンテーションの場に」とある。カラオケ空間には新しい可能性が秘められているようだ。

おだやかな平日の商店街から「エスパス」の自動ドアを一歩踏み込んだとたん、耳をつんざく音楽と、アナウンスの声。殴りかかるような大量の煙。スーツ姿の中年、茶髪にジャージでサンダル、だぶだぶで極彩色のセーターにサングラスの太い女性、野球帽、ポロシャツ、ジーンズのイケメン、そんな人々で満席だ。目は輝き、前のめり。あるいは所在なくだらしない猫背。そう、ここはパチンコ店だ。

最近のパチンコ台は、映像メディアである。台の中央に埋め込まれているのは小型の液晶ディスプレイ。かつての漫画・アニメ・特撮ドラマなど、子ども向けの作品を題材にしたタイアップ機や、著名芸能人が監修またはモチーフとなっているものなどさまざまな種類がある。

とりあえず「海物語」に挑戦。三洋物産による、海を舞台にしたパチンコ機シリーズだ。金髪ポニーテールのアニメキャラ、マリンちゃんが画面に現れる。勝負だ。千円入れて玉が出る。右手を回して打ち込む。何事もなく、スる……。また千円入れて玉が出る。今度はマリンちゃんのほかに、タコ、ハリセンボン、カメ、サメ、エビ、アンコウ、ジュゴンが右側からやってくる。何事も起こらず、スる……。

ふと台の左横を見ると、小さな端末がある。「テレビ」のボタンを押すと当然テレビ番組が見られる。データ・ボタンを押せば、その台のデータが表示される。本日データ、過去データなどがタッチパネルで見られる仕組みだ。「本日データ」は、オレのことだな。確率1／393、玉数─9400。ちぇっ。大負けだ。

「海物語」に見切りをつけて台を変えてみた。「GARO」「月影」「花の慶次」、どれも結果は同じ。店を変えよう。「オリエンタル・パサージュ」のドアを開けると、やはり大音量の店内放送と殴りかかる煙。前のめりと猫背。ディスプレイやタッチパネル端末のしつらえも同じだが、パチンコの機種が違う。「チャングム」「カイジ」「相川ななせ」……どれをやっても結果は同じ。パチンコ・サイネージはまだその可能性を生かしていない、と申し上げておこう。

最後に、ゲームセンターに立ち寄った。総本山、SEGA東京ジョイポリスに久しぶりに足を運ぶ。かつてMIT在籍中に、ここの映像展示に携わったことがあった。しかし、当時と比べてずいぶん様変わりしたようだ。全館デジタル映像空間と化している。

チケット売り場では9枚の画面を使ってお笑いコンビのはんにゃが呼び込みをかけ、館内アトラクションもすべてサイネージで説明する。飛行アドベンチャー「WILD WING」は、森や村をプロペラ機が駆け抜けるツアー体験を映像で流し、待ち時間を過ごす来客の興奮を煽る。また、謎解きアトラクション「PINK PANTHER」は、盗まれたダイヤを探すウォークラリー。フロア内各所に設けられたボックスに、カップルや子ども客が群がってインタラクティブに映像と対話している。

最も目を引いたのは、スロットマシンやコイン落としなどの従来型ゲーム。それらが映像マシンと化していたことだ。スロットは筐体が動画メディア化している。パチスロ「俺の空」や「バーチャファイター」は、数字やチェリーが回る周囲がみな動画を表示するスクリーンとなってエンターテインメントを提供している。

驚いたのは、金魚すくい。屋台の格好をしたテーブルの上に、ディスプレイが据えられ、そこに何やら泳いでいる(写真53)。ゴールデンきんぎょ、おたまじゃくし、ミドリガメ、チビカニ。それらをレバーで狙って、ボタンを押して救う。

これらは、日本ならではのサイネージ以外のなにものでもない。

写真52

カラオケチェーン「パセラリゾーツ」のサイネージ

写真53

東京ジョイポリスにある金魚すくいゲーム「キッズ屋台村―金魚すくい―」。42インチのプラズマディスプレイを使用

©SEGA

日本固有のサイネージ――大阪・回転寿司・風俗

森繁久彌さんが亡くなった翌朝はそぼ降る雨だった。のぞみ号で西に進路を取った。織田作之助作、豊田四郎監督、1955年「夫婦善哉」。森繁さんの代表作だ。その舞台となった法善寺を訪れる。そんな酔狂な輩はほかにいないと見え、周囲は閑散としている。ここは大阪。お地蔵さんに水をやり、祈る。

法善寺から戎橋筋に抜けると、橋のたもとから見えるのは、グリコの巨大看板とその脇に並ぶ200インチの屋外ビジョン「トンボリステーション」だ。ふだんはTVニュースやCMなどが流れている。15秒素材を1日20回放映で広告料が月38万円だという。

このビジョンの周りにはカメラとセンサーが設置され、通行人の姿をシステム解析する。人々の顔にアニメやゲームのキャラクターをCGでかぶせる仕組みを導入している。ビジョンの前に集まる人々の顔が、馬やアントニオ猪木のキャラクターに変身するのだ。

顔がイノキに変身した自分が「ダーッ!」と叫んでいる。実は「アントキの猪木」さんの声らしい。気づいた人はたいてい足を止め、画面に引きつけられる。そこでテロップCMを発信するというわけだ。

そこから千日前に向かって歩くと、左上に巨大なカニが動く「かに道楽」の看板を仰ぎ、その先には巨大カールおじさんの横にサイネージ画面で明治製菓のCMが流れる。「づぼらや」の巨大フグ看板が空中にせりだす向かい側には、復帰した「くいだおれ太郎」が太鼓を叩いている。

圧巻は千日前の串あげ屋「だるま」だろう。巨大なヒゲおじさんの立体顔看板の下にある「だるまビジョン」（写真54）。電子看板だ。こないけったいなサイネージ、世界のどこ探してもあらしまへんで。想像することあっても、ホンマに作ったり動かしたりする町あらしまへんで。パリやミラノならまず許可おりしまへんで――。そのビジョンでは、浪速のロッキー・赤井英和さんが「二度づけ禁止！」と訴えていた。大阪だ。

イノキに変身させられたり、ヒゲおやじの看板に画面がしつらえてあったり、二度づけ禁止と他所では理解不能な音声が流れたりする。大阪ならではのデジタルサイネージ。こうした地域ならではの、ひいては日本ならではのコンテンツやシステムがほかにもあるはずだ。

世界67カ国でオンエアされている日本のテレビコンテンツのチャンピオン「ポケモン」も、サイネージの利用には熱心だ。関連グッズ販売店のポケモンセンターでは、画面の上にポケモンのキャラクター人形たちが並ぶ特殊なサイネージを設置した。外に向けてはプロジェクターを3面使って映像を表示しており、その前にたくさんの子どもたちが群がっている。

マンガが街に飛び出したのが「フキダシシステム」だ。外を歩いていると、そばの壁に、自分の頭の位置からマンガのフキダシのようにセリフが飛び出し、ついてくる。しかも、「痩身エステ」

とか「石川遼」、「空気読まない」といった意味不明のセリフ。まるで自分の脳内がそういう言葉をつぶやいているかのような姿を、ほかの通行人に見られる。何ともくすぐったい感じのする映像表示システムだ。

マンガのセリフシステムとくだらないギャグを組み合わせて、空間をプロデュースする。そして、それを広告メディアにしてしまう。かなり高度な日本型モデルと言えるだろう。

料理評論家の山本益博さんは、寿司文化を海外に発信するプロジェクトを立ち上げようとしている。江戸前寿司のもつ豊穣な文化、調理や作法にこめられた一つひとつの意味、どんなお店をどう探せば寿司を楽しめるか、そういったことを来日する方々にきちんと伝えたいのだという。

「客席のカウンターは一尺半。料理人側のカウンターも一尺半なのです。包丁の長さは一尺、箸の長さは……と決まっています。いただくのも、作るのも、その長さが丁度いい。そして、寿司はコミュニケーション。作って、差し出して、いただいて、料理人と客とが語らう。そのコミュニケーションの距離は三尺がちょうどいい。日本人はそういう距離感を構築してきたのです。こういった文化をわかっていただきたい」（山本さん）

たしかに、そうした深みのある文化は来日した外国人にはしっかり情報を伝えないと分かるまい。日本人でさえ知らないことだらけだ。しかし、海外で寿司といえば回転するものが多く、三尺と言っても通用しないだろう。

その回転寿司にもサイネージ化の波は押し寄せてきている。1皿100円の「くら寿司」は、寿司のレーン上にディスプレイがしつらえてある（写真55）。席に座り、これをタッチすることでオーダーできる。頼んだネタが近づくと画面が変化し、知らせてくれる仕組みだ。品切れになると、メニューから写真が消える。

同店にはお皿の投入口が用意されている。食器を5枚入れるとルーレットが回り、当たるとガチャポンが出てくる。子どもたちは喜んで皿を入れまくる。おなか一杯でも、5枚に届くようあと1皿。数も数えてくれる。エンターテインメントを盛り込んだハイテク・サイネージだ。

日本型サイネージの極めつき？は、風俗サイネージ（写真56）。札幌すすきの無料案内所、そのすぐ近くにある女の子の顔写真の上には2面のディスプレイ。お店の場所や女の子を紹介してくれる。オモテにある画面のため、あまり派手なことはできないが、このジャンルで動画の演出に対するニーズは高いはずだ。

家庭用ビデオ機もCD-ROMもDVDもネットも、当初の原動力はエロであった。サイネージもまた然り、となりましょうか……。

写真54

巨大なヒゲおじさんの立体看板の下にある「だるまビジョン」

写真55

回転寿司にもサイネージの波は押し寄せてきている

©くらコーポレーション

写真56

日本型サイネージの極めつけと言えば、風俗サイネージ!?

サイネージの街、札幌

国内のローカル・サイネージをチェックして回ろう。

まずは札幌からだ。日本三大がっかりの一つ、時計台のたたずまいは相変わらずだが、札幌の街は急速に華やぎを増している。北海道の玄関口、札幌駅1Fコンコースにある8本の柱の両面に薄型ディスプレイが埋め込まれ、16面すべてが連動してCMを流す。その隣では、アーティスト斉藤幹男氏によるモノクロ・アニメのアート作品を画面で上映していた。

駅前に出ると、北海道銀行札幌駅前支店ビルの上にあるパナソニック製LED「よみうりMEGAビジョン」が北海道日本ハムファイターズによる交通安全キャンペーンや、AKB48が出演している読売新聞のCMなどを流している。1ブロック隣の交差点でも大型LEDが「パチンコひまわり」札幌駅前タワー店のアニメCMを、三越パルコの向かいにも大型LEDが「Yomiuriメガビジョン4プラ」、音声つきで札幌大学、家庭教師ファミリー、ドンキー麻雀倶楽部――といったローカルのCMをオンエアしている。

札幌は年間来客数1500万人を誇る日本有数の観光地。観光情報をいかに街中に提供するかは、札幌にとって大きなテーマの一つだ。

観光スポットの一つ「サッポロビール北海道工場」は、ビール工場のほかレストランやゴルフ場などが36万㎡の敷地内に設けられ、年間12万人の客を迎える。また、台湾や韓国など外国人ツアー客が4割を超える国際スポットでもある。

工場の入口ではリボンシトロンをあしらったサイネージが出迎えてくれる。なつかしいモノクロCMや往年の商品の写真を映し出し、「この工場では年間1・4億本のビールを造っています」とコース説明員の鈴木さんが優しく案内してくれる（写真57）。

工場見学コースに入ると、8台のディスプレイが個別に動画を放映している。製造工程では、煮沸釜の隣で、麦を水に浸し熱風で乾燥する様子を、ライン工程では缶にビールを詰めたり、蓋を閉めたりといった作業を見せてくれる。「ここでは1分に900本の缶を作っているんです」と鈴木さんが詳細を教えてくれる。瓶詰め工程、倉庫システムでもサイネージが活躍。

「メンテなどで工場が動いていないときに特に力を発揮しますね」（鈴木さん）

さらに試飲室では、画面を3分割した2台のディスプレイが、静止画のニュースを数秒単位で配信するとともに、地元在住者から寄せられた花の動画、ビール製造工程を解説する映像や日・英・中・韓4カ国語での歓迎メッセージも流れる。

ビール工場から中心街に戻り、札幌が世界に誇る地下街に出かける。待ち合わせスポットのポールスクエアには、「HILOSHI」というロゴの入った黄色い筐体の大きなビジョンが待ち受けていた（写真58）。画面には、HILOSHIくんという黄色いキャラクターが登場したかと思うと、J:COMのCMや札幌市の家庭内暴力防止キャンペーン、天気予報などが流れる。HILOSHIビジョンを起点とする地下タウン「POLE TOWN」には、ほかにも数々のディスプレイが設置されていた。

POLE TOWNを垂直に通る「AUROLA TOWN」では、総務省の「ユビキタス特区」の実証実験が行われている。地下だけで見られるケータイ向けワンセグ放送の実験だ。地上で放映しているNHKや民放のワンセグ6チャンネルは通常地下では見られないが、ここではそれらを受信でき、加えてオリジナルの7チャンネルが見られる（写真59）。

AUROLA TOWNのイベントをライブ中継するチャンネルや、エリア情報、札幌市立大学チャンネル、中国人観光客向けの中国語チャンネルもある。このプロジェクトには筆者・中村も過去2年ほど関わり、サービスメニューや技術の可能性などを煮詰めてきた。実験現場は思いのほか賑わいをみせ、「予想を上回るコンテンツが結集しました。また、現在地下街33店舗が参加してくれていますが、その数も期待以上です」（札幌総合情報センター　コンテンツ事業部長　田中瑞宏氏）という。

コンテンツもなかなか作り込んだ内容になっている。「コーエーが作るアニメのコアなファン層が、わざわざこれをやりに来たりしてます。また、これはケータイだけのサービスではありません。USB型の受信機をパソコンに装着して、この電波を受ける仕組みも用意しています。だから、情報を送る相手はケータイだけじゃないんです」（田中氏）。

地域に特化したローカルなデジタルサイネージには、国も注目している。北海道総合通信局は2009年10月、サイネージを使って北海道の観光情報を提供する調査を開始した。人通りの多い札幌駅の西口コンコースにサイネージ端末を設置し、道内の観光地情報や物産情報などをアピールするコンテンツを放送する。これらのサイネージの使い勝手を検証する実験は、まず雪まつりが開かれる2010年2月にスタートした。

「デジタルサイネージに関する技術開発はすでに実用レベルにあります。けれども最先端の広告媒体としては、まだ限られた先進企業の関心でしかないのが現状です。大企業やIT企業だけでなく、個人や八百屋さんのような商店層の認知度を高めることを成果としたいですね。技術よりも、使い勝手のよさや経済性を重視しています」（北海道総合通信局大久保明局長）。

サイネージの現状を的確にとらえた行政だ。高度な技術は追わぬとしながら、端末はタッチパネルにし、FeliCaのタッチで発券する機能もある。日本のサイネージの最低ラインということか。「参加企業がケータイで情報を入力し表示できるような手軽なものにしたい」（大久保局長）と言う。これも日本的なモデルといえるだろう。

実験端末は画面が3つに分かれており、真ん中で観光映像を見せ、上段にはニュースや行政の文字テロップ、そして画面の下段は静止画タッチパネルになっている。北海道は画面分割型のサイネージが多い傾向がある。

「北海道には中国やオーストラリアなどから大勢の観光客が訪れます。今回の企業実験はひとまず日本語のみで行いますが、今後は多言語対応が必須です。でも、コンテンツを提供する企業に、その点で負担をかけるのは難しい。幸いデジタルサイネージは複雑な文章ではなくおおむね単語ベースなので、機械翻訳をバックヤードにつけておけば対応できるようになるでしょう」（大久保局長）

総合通信局は現在、この実験を産学官の検討会を組んで進めている。驚いたのはそのメンバー。座長を務める経済学部の教授をはじめ、通信会社やソリューション企業のほか、テレビ局、新聞社、ＣＡＴＶ団体といったマスコミ連合や、映像・コンテンツ関連団体というメディア系がそろい踏みの様相だ。また、商工会議所や観光振興機構などユーザー企業団体や、ＪＲなどロケーション関係者の顔も見える。さらに、北海道庁や札幌市、国交省など、タテヨコの行政庁もメンバーとなっている。

東京の中央官庁で、この座組を実現するのは至難の業だ。地方だからこそ、タテ系ヨコ系を軽やかにつむぐプロジェクト編成が可能なのだろう。北海道の観光を盛り上げるという目的と熱意が、呉越同舟を前向きなエネルギーに転化しているのだ。北海道タテヨコモデルを是非とも成功させて全国展開してもらいたい。

写真57

「サッポロビール北海道工場」の入り口では、リボンシトロンをあしらったサイネージが出迎えてくれる

写真58

札幌地下街の待ち合わせスポットにある「HILOSHI」というロゴの入った大きなビジョン

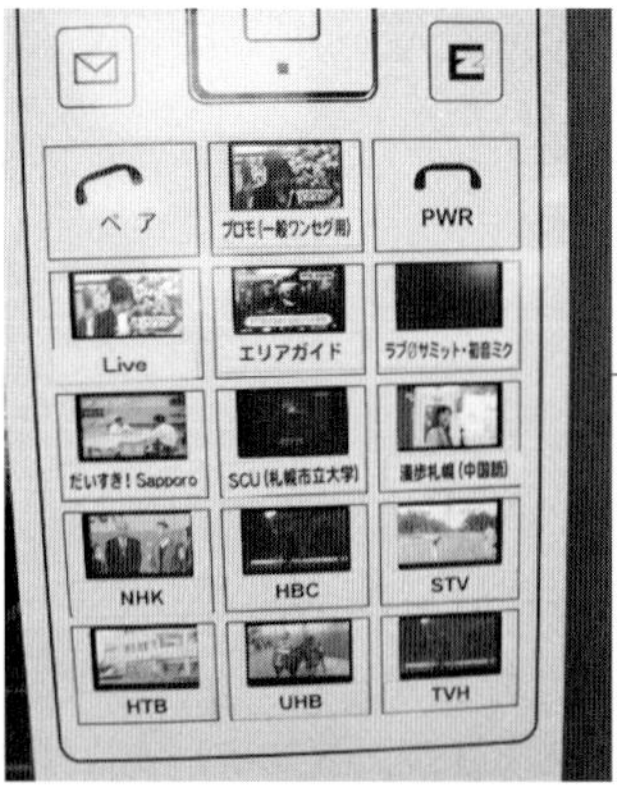

写真59

札幌ユビキタス特区の実証実験の様子

福山と広島の挑戦

「崖の上のポニョ」の舞台となった広島県福山市。ここに本社を置く株式会社アスコンは、チラシや地元のフリーペーパーの制作を本業とする印刷・広告企業だ。その会社がビジネスを転換し、デジタルサイネージ企業に生まれ変わろうとしている。

地域のCMを作り、スーパーなどに置かれたサイネージで表示する。地域に密着した取材力と、チラシを作ってきたアナログのコンテンツ制作力を生かし、デジタル画面への展開を図ったのだ。文字や写真の見せ方はお手のもので、軽い映像情報をこれに加える。

いまどきの地域の印刷会社や広告会社において、デジタルコンテンツ企業への転換は念頭にある課題のはずだ。アスコンが面白いのは、自らセットトップボックスも開発し、面的なデジタルサイネージ・システムをも提供しようとしている点にある。紙メディアを入り口として、コンテンツ、営業、CM、さらにシステム開発といったハードウェアまで手がけ、トータルなサイネージソリューション企業になろうとしているのだ。

地元だけでなく、他県への進出も始まった。神戸大学の生協に「タダコピ」を3台設置し、学生をターゲットにした広告事業を行っている。この「タダコピ」は、アスコンとシャープが共同開発したデジタルサイネージとFeliCa端末を搭載したコピー機だ。コピー紙の裏面に印刷される宣伝広告料で運営を賄っているため、コピーが無料になるというわけだ。宣伝広告は、ケータイのタッチで識別した学生、学部、性別などのユーザー属性に基づいて、個々の学生に合った内容がプリントされる。コンテンツは、ネットワーク経由でサーバーからコピー機にそのつど伝送する仕組みだ。さらにコピー機の上には大きなサイネージ画面が設置され、行列ができるタダコピの待ち時間に動画ＣＭを放映する。

アスコンの次のチャレンジは、放送の電波利用だ。中国放送のデジタル波を使って、中国新聞のコンテンツや、チラシ、タウン誌の情報などをテレビ端末に配信する実験を実施。夜中の時間帯を使って実証実験を行い、技術の可能性やビジネスモデルを検証している。

従来の通信インフラだけでなく、放送の電波を通信に使うことにより、テレビ放送に信号を乗せ、一日にギガバイト級の情報が送れるようになる。

テレビやサイネージのデジタルネットワーク化を進める試みは、放送や通信の産業構造に影響を与えかねない可能性を秘めている。こうした変革には、制度面でも整理すべき課題の発生が伴う。しかしネットワーク化することによって、一極集中型ではない地方からの、非常にインパクトがある動きが現れているという点は重要だ。

林　征治社長の視野は広い。「チラシの年間売り上げは１兆円。だが、それだけのゴミを製造しているということでもあるのです。紙をトラックで運搬し、印刷した油を燃やす。そうして

CO_2を排出している。当社はチラシ事業から完全デジタルにビジネス構造を切り換えようとしています。自分の印刷事業部を潰すようなことを自ら行っているということです。しかし、電波オリコミ、通信チラシに移行することで、CO_2をゼロにする。ビジネスには正義がなければいけません。だから進めるんです」

林社長の挑戦は続く。

広島市街を走るレトロな路面電車。ボディに「神戸市電」の文字が読み取れる。キャリア85年の現役電車だ。そのほか、古い京都市電や大阪市電、ハノーバーの路面から誘致された車両も走る。かと思えば、2両編成の最新型「グリーンムーバー」も同じ路面を走っている。

広島市立大学インターネット工学研究室と広島大学情報メディア教育研究センターは、この最新型車両4編成の車内にサイネージを設置、HSDPAや無線LANを通じた情報配信を開始した。路面電車におけるサイネージは全国初の試みで、車両前後のディスプレイでは、走行地点や進行方向に応じたタイムリーな観光案内、地域のニュースやイベント情報などの動画を含むコンテンツを配信している（写真60）。

広島バスセンターや紙屋町地下街・シャレオ中央広場には、計4台の50インチ縦型タッチパネルを設置。画面を上下に分け、地場産品や観光イベントの情報を発信している。また、ケータイとの連動プロジェクトもある。平和記念公園のレストハウスなどに置かれた端末では、レストランのCMが流され、非接触ICカードやケータイでクーポン情報を落とし込める。

これらの取り組みは、広島市がコンソーシアムを立ち上げ、産学官が連携して進めているものだ。総務省の「地域ICT利活用モデル構築事業」スキームを活用し、観光振興、産業活性化、中小企業のICT（情報通信技術）化を狙いとしてサイネージを用いる。広島デジタルサイネージ推進コンソーシアムは、広島市、中国放送、中国新聞社のほか、産業振興センター、バスセンター、地下街開発、観光コンベンションビューローなどをメンバーとし、筆者もアドバイザーとして関わっている。

２００９年11月６日、紙屋町の地下街・シャレオ中央広場で開かれた実証実験のオープニングでは、秋葉忠利市長が「日常生活を豊かにする電子看板の可能性を探るため、産学官の力を合わせ推進したい」とあいさつし、意気込みを見せた。

実質的なリーダーである豊田麻子副市長は語る。

「新しいメディアで地域を活性化したいと考えています。テレビのCMは高いけれど、電子看板なら商店街の店主でも気軽に広告を出せる。コンテンツの制作も学生などに活躍してもらう。そんなモデルを作りたいと思います。店、住民、学生、そして場を提供している人々みんなを元気にしたい。コンテンツの内容がカギになるので、地元の新聞や放送などのメディアをフルに活用したいと思います。野球のカープ、サッカーのサンフレッチェともタイアップしていきたい。同時にイベントとも連携し、フラワーフェスティバルや『ゆかたできんさい』、花火大会、平和記念式典など地域密着型のコンテンツを住民参加で拾い上げていくのです」

今後の課題は何か。広島市情報政策課長・天野博司氏に聞いた。

「まず運用コストを下げること。PowerPointで作成したデータを住民が簡単にアップできるような仕組みを取り入れて、コストをゼロに近づけます。このために、たくさんのテンプレートを用意しようと考えています。地域らしいコンテンツ作りも課題です。新聞社、放送局との協力関係が重要ですね。そして効果測定。これが難しい。現場でアンケートを取ったり、温泉プロモーションでの来客数増加を測ったりしようと考えています」

意欲的なアイデアを広げつつ、足下も固めつつのトライアルとなる。地下街のディスプレイに表示されていたメッセージに「世界への思いをリアルタイムで世界に発信できます」とあった。平和都市ヒロシマのチャレンジだ。

写真60

路面電車におけるサイネージは全国初の試みだ。現在位置（上）や観光案内（中）などを表示する。下は、車内に設置したコンピューターと無線LANなどの周辺機器

▦ 福岡と新居浜の戦略　放送波の活用

最後にデジタルサイネージの先駆的な取り組みを見せる九州と四国の例を紹介しよう。福岡県福岡市のユビキタス特区と、愛媛県新居浜市のケーブルテレビ局ハートネットワークだ。

福岡市ユビキタス特区

福岡市では、自治体が行政として積極的にサイネージに取り組む。総務省が2008年に創設したユビキタス特区をはじめ、ICT利活用モデル構築事業、ユビキタスタウン事業といったスキームを使い、無線のマルチメディア放送を活用した実証実験を行っている（図15）。マルチメディア放送とは、2011年のアナログテレビ終了後のVHF周波数の跡地を利用する新しい放送方式だ。テレビ、ラジオといった従来の放送とは異なるタイプのサービスが可能になり、ケータイ向けの放送やサイネージでの利用に期待が寄せられている。

福岡市は、ユビキタス特区でマルチメディア放送の先行実験を行っているエフエム東京とCSKシステムズをパートナーに、デジタル放送による地域情報、行政情報の新たな活用に取り組んでおり、サイネージはそのなかでも中核になる事業モデルの一つだ。

「公共情報に関心が薄い層や情報リテラシーの壁を越えて、観光、防災情報などをどのように市民に届けるかが課題でしたが、マルチメディア放送を活用した情報配信手段としてのデジタルサイネージは最適なメディアです」（福岡市総務企画局情報化推進室情報化推進課長　長尾友夫氏）

実証実験のテーマ

①レイヤー体系の放送

地上波の放送は、電波を持つ会社が番組の編成責任を負う「ハード・ソフト一致」という制度を採用している。福岡特区では、電波を持つ会社と番組編成を行う会社などが別々の「ハード・ソフト分離」型で実証実験を行う。

②放送波ダウンロードコンテンツ課金の検証

放送波により暗号化されたコンテンツをダウンロードさせ、デコード（復号）用の鍵を通信経由で販売するサービスモデルの検証を行う。

③放送によるＩＰ伝送

デジタル放送でＩＰパケットを伝送するＩＰＤＣ（IP Data Cast）を用いたインターネット

と放送の連携技術の検討を行う。

実験では、福岡タワーからの放送波を使い、地上および地下鉄構内の携帯電話型受信端末に向けて、生活・観光・エンターテインメント情報や防災緊急放送などの公共情報番組を配信。現在、モニター200人に端末を提供し、実証実験の効果を探っている。

また、バスとサイネージに公共情報を配信し、携帯電話と連携する実験も行う。福岡市内では市民の足としてバスが多く使われている。「西鉄バス」は、グループ会社を含めて3000台以上という日本最大のバス保有台数を誇り、県内外にきめ細かなバス路線を構築している。そのバス車内、乗降口近くの2カ所に液晶ディスプレイを搭載し、車内サービスとして広告コンテンツを配信する。

広く県内外に移動するバスでは、携帯電話やWi-Fiなど無線通信を使うのはコスト面、エリア面から効率的ではない。放送波を活用することで大きな無線局から面的なサービスエリアに同一の情報を配信し、バスサイネージとしてのメディア化を狙う実験だ。バス向けに番組を編成し、複数送信する。バスでは、その番組をダウンロードし、バスの路線や時間帯、場所などを加味しながら選択・表示を行う。

釜山と福岡を結ぶ船舶内にタッチパネル式の小型サイネージを設置し、観光情報を配信する実証実験もある。博多港に停泊中の船舶から放送波で流れる最新のコンテンツをダウンロードすることで情報の更新を行う。福岡から釜山への船舶内では、韓国への観光客を見込んで韓国の飲食店やショッピング、美容室などの情報を日本語で配信し、釜山から福岡への船舶内では、日本への観光客向けにゴルフや温泉、物産などの情報を韓国語で配信する。

こうした試みは、放送と通信の境界領域に接近し、現在の法制度では本格サービスとするのは不可能だ。技術面とビジネス面だけでなく、制度の面でも非常にチャレンジングであり、政府で検討中の通信・放送融合法制の議論を実地で先取りするトライアルでもある。世界中を見渡しても、放送波を利用し、サイネージや携帯電話にエンターテインメント情報や公共情報を一斉配信するモデル例はないだろう。

「実証実験を通じてビジネスモデルが検証できれば、韓国や中国などの海外でもビジネスとして展開できる可能性が出てくる。その意味でも、アジアと親和性の高い福岡は絶好のスポットなのです」（エフエム東京　マルチメディア放送事業本部長兼マーケティング部長　籐　勝之氏）

図15

福岡ユビキタス特区の概要

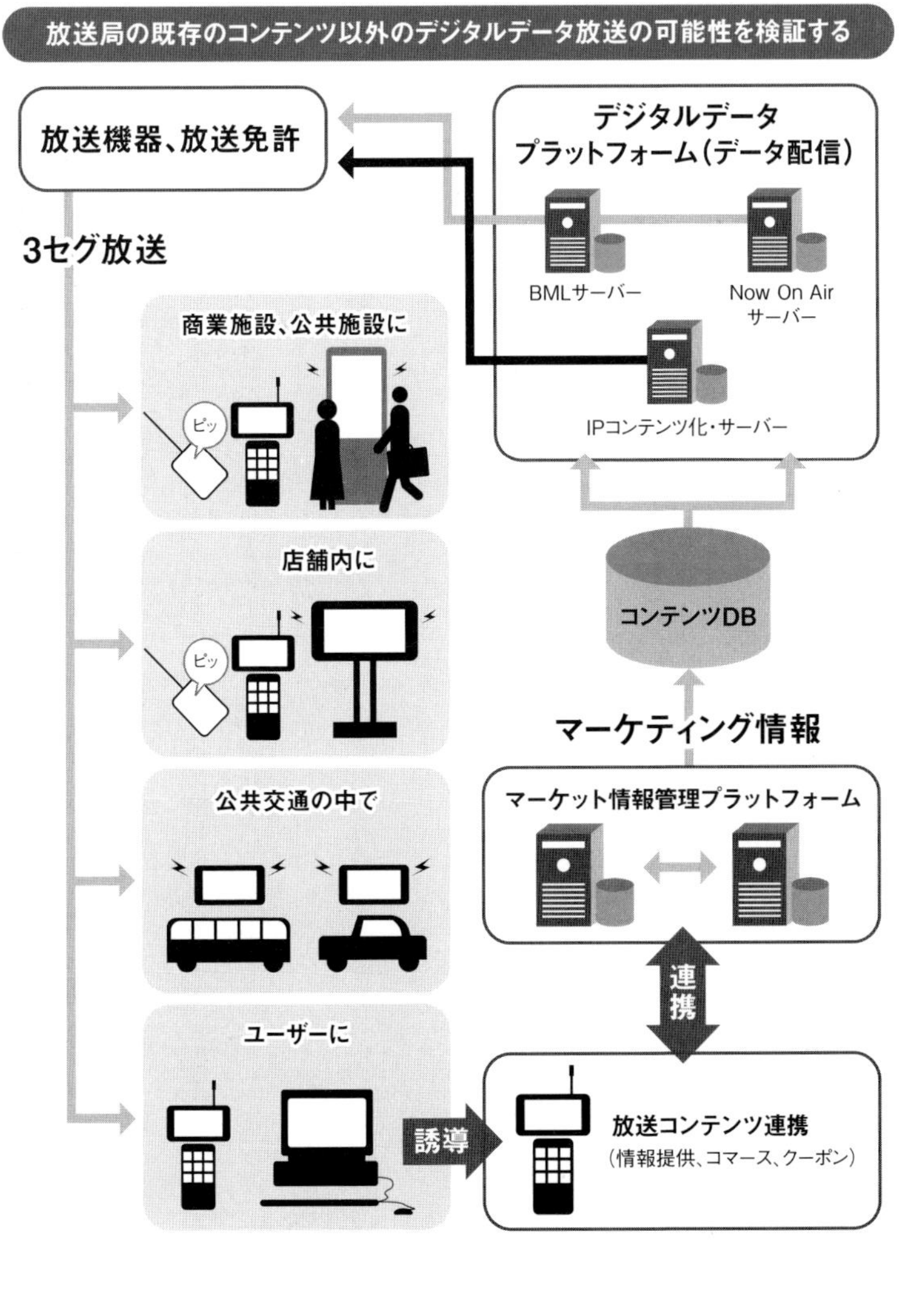

放送局の既存のコンテンツ以外のデジタルデータ放送の可能性を検証する
放送機器、放送免許
デジタルデータ
プラットフォーム(データ配信)
BMLサーバー
Now On Air
サーバー
IPコンテンツ化・サーバー
3セグ放送
商業施設、公共施設に
ピッ
店舗内に
ピッ
公共交通の中で
ユーザーに
誘導
コンテンツDB
マーケティング情報
マーケット情報管理プラットフォーム
連携
放送コンテンツ連携
(情報提供、コマース、クーポン)

新居浜市ハートネットワーク

愛媛県新居浜市にある1990年開局のケーブルテレビ局「株式会社ハートネットワーク」。同社は、新居浜市と西条市の合計人口10万人エリアに対し、地域の放送局として充実したローカル情報を有線で提供するだけでなく、インターネット接続サービスやWiMaxなどの無線サービスも実施している。さらに、サイネージにも積極的に取り組む異色の総合メディア企業だ。大橋弘明社長は日本CATV連盟デジタルサイネージ委員会の副委員長も務める業界の旗振り役でもある。新居浜テレコムプラザ内に構える本社を訪ねた。

ケーブルテレビは地域の安全・安心を確保するメディアです。大きな災害が発生すると全国メディアに注目が集まりますが、その後のフォローはケーブルテレビの役割になります。「仮設住宅の申し込みが始まりましたよ」「支援金が届きましたよ」「銭湯やコンビニが再開しましたよ」といったお知らせを届けるのは、ローカルメディアが機能するところです。

ケーブルテレビ局は、ケーブルだけでなく無線も使うことで、トータルなメディア・ステーションになるのです。ケーブルが遮断されても、ケータイ向けに情報を届け続ける。地域番組チャンネルをテレビだけでなく、ケータイや家庭内のデジタルフォトフレームにもお届けする。

すでにＷｉＭａｘの免許を獲得していますが、地デジ整備後の使用が期待される電波の空き地「ホワイトスペース」も利用して、広域に情報を伝えていきたいですね。

ケーブル局の強みは、配信手段とコンテンツ製作力の双方を持つことです。ＷｉＭａｘの強みも発揮して、工事不要でサイネージを設置する。ハードの整備・管理に比べ、コンテンツの管理が難しいと感じています。週イチしか作らないコンテンツでは、サイネージに流しても見てもらえない。その点、ケーブル局は番組を毎日作っている分、ソフト面でも強いと言えます。

もう一つの強みは、地元経済界との親和性を挙げることができます。地域に密着してコミュニケーションを支えているので、クライアントへの営業も強い。サイネージを据える「カベ」を見つけてはオーナーを探し、サイネージ利用を提案しています。全国に点在するケーブルテレビが業界としてヨコ展開し、サイネージを広げていきたいと思います。

また、自治体との結びつきも大きいですね。地域番組チャンネルに自治体も関わっていて、彼らもデジタルサイネージに興味を持ってくれています。

この地域では、イオンのモールに42インチのサイネージを配備して地域の動画番組と文字情報を表示しています。今後はケータイのクーポン展開も進めていくでしょう。また、サイネージをネットワーク化してサーバー管理をするとともに、ＨＤ画質のＣＭなどのコンテンツ制作といったトータルソリューションを目指します。

このような取り組みはケーブルテレビ業界全体の課題です。食品メーカーと組んで家庭にデジタルフォトフレームをプレゼントし、レシピや調味料の情報を届けるといった企画を練ったりしています。このほか、自動販売機のサイネージ利用にも注目しています。これを活用すれば、緊急情報の表示があちこちでできる。自販機の組合と我々が業界同士で話し合っていますが、こうした業界としての取り組みが大事だと考えています。

田 課題と解決策

デジタルサイネージは産業としての発展が見込まれている。しかし、メディアとしては未成熟であり、課題も山積している。そこで結成されたのが「デジタルサイネージコンソーシアム」だ（http://www.digital-signage.jp/）。サイネージがメディアとして、またサービスとして発展するためには、以下のような問題点を解決することが必要であるとして、会員からなる部会を設置、問題解決に向けて取り組んでいる。

①技術的な標準がない
②広告取引の指標が不統一

③権利処理ルールが未確立
④倫理規定がない

このうち、①の「技術的な標準」や②の「広告取引の指標」に関しては、ガイドラインを取りまとめたものを公開している。「権利処理ルール」についても現在検討が進んでいる。ただし、これらの対応はまだ始まったばかりだ。そして、さらに新しい課題も生まれてきている。

今回インタビューや取材を通じて、追加的な課題を挙げる声もたくさん聞いた。最も多かったのは「ビジネスモデル」に関するものだ。

まずはコストダウン。ディスプレイやプレーヤーのコストダウンが重要であること、ディスプレイの軽量化によって設置コストを下げたり、運営コストを抑える必要がある——といった指摘だ。①の技術標準も同様の問題だが、いかにコストを下げて普及を促進し、ネットワークメディアとして確立していくかがポイントとされる。

このほか、「広告効果」に関する声も多かった。どう測定し、評価してビジネスにつなげていくのか。コンテンツサイドからの要求としては、表示仕様が決まっていないこと、ディスプレイサイズがバラバラなのでコンテンツの流用ができないことを課題とする声もあった。また、広告とは別の利用を促す考え方もあった。医療機関や行政などの利用を広げ、サイネージの可能性を開拓するとともに、システムやコンテンツへの資金流入ルートを広告費や販促費以外に拡げておこうというものだ。

③と④は制度に関わることだが、通信と放送の法制度を問題視する向きもあった。サイネージは融合メディア。そのビジネスを容易に行えるよう、電波の利用やサービス規制をできるだけなくすべきという意見だ。

さらに、今回特に目立ったのが「総合プロデューサーの不在」という意見だ。サイネージは総合メディア。その企画・設置・運営に当たっては、施設や広告、コンテンツをトータルに理解し、計画・調整できる人材が必要となる。だが、そのような人材は現在のところほとんどいない。空間デザイン、通信技術、広告・コンテンツマネージメントを理解し、設計できるプロを育てる必要がある。

サイネージを提供する側だけではない。利用者側の問題もある。サイネージの特性を理解しているクライアントや広告代理店がまだ少ないというのだ。利用する企業内の部署のタテ割り構造を問題とする声もある。広告、販売促進、経営企画を担当する部署の間で、まだサイネージに対する見方が定まらず、戦略的な使い方ができていないのが現状だ。

これらを踏まえ、対応すべきポイントは４つ挙げられる。

●ネットワークの整備

配信システムの技術的な標準についてはコンソーシアムも積極的。国際規格も狙う構えだ。同時に、より柔軟な電波利用を可能にするよう制度の改正を促すなど、国全体による対策が求められる。

●広告メディアの基盤形成

広告の指標を作り、効果を明確にする。広告主の理解を得てサイネージの利用を広げていくために最も緊急の課題だ。実験の拡充、業界内での情報の共有が必要となる。

●利用の拡大

教育・医療・行政といった公的な活動でのサイネージ利用。多くの人に正確にその場で情報を伝達するための最適なメディアとして、威力を発揮する。

●人材の育成

総合プロデューサーやコンテンツクリエイターを育てること。場や機会を提供するほか、大学などでのカリキュラムも整備する必要がある。ユーザー側への普及啓発も行っていく。

重要なことは、ハードからソフトにわたる異業種の企業や政府・自治体、大学などが横断的に問題を共有し、全体として対応することだ。コンソーシアムでは会員主体で毎日のようにテーマごとの会合が開かれ、活発な活動が進められている。本来ならライバルの企業同士が、新しい産業の開拓に向けて手を組んでいる。

２００９年６月には、デジタルサイネージ業界初の単独本格展示会「デジタルサイネージジャパン２００９」が幕張で開催された。コンソーシアムの理事陣が運営に当たっている。この不況期にあって３日間で延べ13万人が来場し、予想を上回る賑わいをみせた（写真61）。

会場では「デジタルサイネージ・プレアワード」も実施。コンテンツ、技術、景観の部門を設けてそれぞれ３点の優れたサイネージを表彰した。広告メディアとしての特性をアピールし、利用の拡大を図ることに加え、若いクリエイターが活躍する場を与える。２０１０年には公式に第１回アワードを実施することとしており、学生などにも広くチャンスを与えたいと考えている。

最後に、コンソーシアムの会員たちが行った自主実験の例を紹介しておこう。

２００９年12月17日～19日の間に、デジタルサイネージコンソーシアムが行ったサイネージの効果検証実験。このときは、駅構内や秋葉原ＵＤＸビルのオフィス入り口、周辺店舗などに各社の機材を設置、初音ミクなどを使ったコンテンツを放映した（写真62）。また顔認証の画像処理を用いた効果測定技術を応用して、通過人数と視認者を測定する。

4面のタテ型ディスプレイで萌えキャラが「献血へのご協力」を呼びかけているJR秋葉原駅構内。画面の前に立つと、映し出された自分が初音ミクに変身するシステムが、通行する人の足を止めている。誘導されて向かった献血ルーム「akiba：F」は、初音ミクのフィギュアが並ぶ明るい空間。中央に3台配置されたホログラフィー表示機では、初音ミクが手を振って踊っている。フルカラー動画のホログラフィーが当たり前のように見られるとは、さすがはアキハバラだ。

JR秋葉原駅では12台、秋葉原UDXには2台のディスプレイを設置。ビル壁面にある大型ビジョン（UDXビジョン）でも放映した。さらに周辺店舗でも「Touch！ビジョン」12台を使って配信を行った。いずれも広告効果測定システムを入れている。コンテンツ制作は4社が担当。akiba：Fオリジナルのナースタイプの初音ミクや、献血に関するQ&Aの「教えてけんけつちゃん」など秋葉原と親和性の高いキャラクターを使ったものも制作した。

この実験には慶應義塾大学メディアデザイン研究科（KMD）の協力を得て、学生たちも効果測定に参加した。

「初音ミクはロケーションにとても合っていますね。ポップと電子技術の先端を行く秋葉原にふさわしいサイネージだと思います。大勢の方が参加してくれて、ハード・コンテンツ・ロケーションの三要素がそろったサイネージには、集客力があると感じました」（修士1年の近藤千紘さん）

「日本に5台しかないというデンマーク製3Dホログラム装置はすごいです。献血に来られて、そこのアンケートで初音ミクのデジタルサイネージを知って、わざわざ駅へ見に行くって人もいました。逆誘導ですかね⁉」（留学生のマ・カニさん）

「たぶん世界中にこんな献血施設はありません。大きなディスプレイではPRのショットアニメ、パソコンで献血情報、自販機サイネージでは献血後の注意事項など、さまざまな画面を使い分けているのもさすが」（留学生のハン・ソクジュさん）

企業のプロフェッショナルたちが現場に出て、各国から集った学生たちも交じり、新しいメディア、新しいサービス、新しい産業を興していく。熱気を感じる実験だった。こうした熱気が続けば、日本のデジタルサイネージは導火線にしっかり着火し、大きな爆発期を迎えることになるだろう。

写真61

2009年6月には、デジタルサイネージ業界初の単独展示会「デジタルサイネージジャパン2009」が幕張で開催され、3日間で延べ13万人が来場した

写真62

駅構内に各社の機材を設置。初音ミクなどを使ったコンテンツを放映し、サイネージの効果検証実験を行った

〈参照〉 システムの構造

デジタルサイネージのシステムは、接続されるプレーヤー数によって、その規模や構造が異なる。当然ながら導入コストやランニングコストもその規模によってさまざまだ。

導入コストはディスプレイのサイズに依存する部分が大きい。テレビと同様にその価格は下がる傾向にあるが、システムも含めてざっくり20万～100万円程度。加えて取り付け費もある。天井の高いところなど特殊な場所に設置する場合は、工事費を計上する必要が出てくる。年間の運用コストについては、一般的にはコンテンツの更新の際に映像を作ってもらうなど、コンテンツ製作費を必要とする場合に最も費用がかかる。

規模別に特徴を整理すると以下のようになる。

デジタルサイネージのシステム規模による分類

分類	プレーヤー数	ネットワーク	備考
スタンドアロン	1台	なし	—
小規模システム	数十台（1～50台程度）	有り	1つの拠点内、または、複数の拠点間をネットワーク接続
中規模システム	数百台（50～500台程度）	有り	複数の拠点間をネットワーク接続
大規模システム	数千台（500～3000台程度）	有り	複数の拠点間をネットワーク接続
超大規模システム	数千台以上(3000台以上)	有り	複数の拠点間をネットワーク接続。大規模なネットワーク環境が必要

【スタンドアロン型】

システムの概要

プレーヤーが1台ごとに独立して運用されており、ネットワークを使用せずに直接コンテンツ入力を行うタイプ。簡易な運用を基本とし、コンテンツの更新は、媒体（DVDやUSBメモリーなど）の入れ替えや装置内蔵のメモリー書き換えなどで行う。

特徴

個人商店やパチンコ店などへの導入が多く、コンテンツは一般的に付属のソフトで簡単に作成が可能。PowerPointのような感覚で写真と文字情報を画面に配置していくように作成し、それをUSBメモリーやDVDなどに保存して再生する。

単体のディスプレイ機能しかないものもあれば、サムスンの「ハルヱとケイジ」のようにディスプレイの裏にマシンがついていて、Windowsが搭載されているモデルもある。ただし、端末プレーヤーが少数の場合運用上の負担は少ないが、台数が増えてくると、コンテンツの更新や運用管理面でコスト増となる点が課題。そのため、台数が増加したときには小規模システムに移行することが検討される。

【小規模システム】

システムの概要

プレーヤーが1台から数十台あり、ネットワークに接続して運用されているタイプ。ネットワークに接続していることを基本として、同一拠点内（1つの店舗内など）に1台のみ設置されている場合も「小規模システム」として扱ってよいだろう。

小規模システムは、1拠点または、複数拠点に配置された端末プレーヤーがネットワーク接続されていて、管理サーバー側からのリモート運用（コンテンツの更新や時刻指定自動起動・停止）が可能。簡易な運用システムを導入することで、比較的容易にサイネージの自主運用を行える。

特徴

小規模システムは、上野の国立科学博物館をはじめとする展示博物館への導入が多く、最近では東京大学、東京工業大学など、大学への導入事例も増えている。映画館に設置されたサイネージの多くも小規模システムに該当するが、ＴＯＨＯシネマズなどは、店舗数の拡大により徐々に「中規模システム」に移行しているとみられる。コンテンツとしては、映像よりはＦｌａｓｈを用いた文字情報の案内などが多い点も特徴。

【中規模システム】

システムの概要

プレーヤー数が数百台となり、複数の拠点間にまたがってネットワーク接続されたシステム。各拠点には1台から数台のプレーヤーが設置され、拠点ごと、さらには拠点内のプレーヤーごとに異なるコンテンツの配信を行うなどのきめ細かな制御が求められる。

小規模システムに比べて、ネットワークで接続される拠点数が増加するとともに広域化するため、多くの拠点に配信する運営上の対応が必要となる。運用には、ある程度のスキルを持った要員の確保、もしくは外部に運用サービスを委託する必要が生ずる。

特徴

プレーヤーそれぞれに対するコンテンツ数や配信時間の指定など、スケジュール化した情報を配信できるのが「中規模システム」の機能的特徴だ。事例としては、スーパーマーケットチェーンのOlympicやいなげやなどに導入されているソニーの「ミルとくチャンネル」（ソニーが展開するスーパーマーケット向けデジタルサイネージ専用チャンネルの名称）がある。番組の登録・運用・制作はソニーＰＣＬ、システム設計や監視業務はソニーブロードバンドソリューションなどが手がけ、トータルサービスをソニーグループで運用している。

ミッドタウンや六本木ヒルズはディスプレイが２００台前後、プレーヤー端末も２００台前後とこのクラスに該当する。千歳空港も150台程度を導入しており、事例、サービスともに増えている。

【大規模システム】

システムの概要

数百から数千台のプレーヤーが、複数の拠点間にまたがってネットワーク接続されたシステム。コンテンツ更新や配信には、より一層の複雑な制御が必要となってくる。また、多数のプレーヤーの確実な管理を行うための継続的な運用が必要となるため、外部の運用サービスを利用することが通例だ。社会インフラとしての側面も強いため、さまざまな状況を想定した運用の設計も重要となってくる。

特徴

JRの駅、銀行、全国のドコモショップなどが、500台以上の規模の代表的な事例。

成田空港には、1000～2000台が導入されている。一方、羽田空港は、出発便の案内などは航空会社ごとなので、JALは150台、ANAは200台程度を導入している。羽田空港としての導入は共用部分だけであり、あとは各航空会社ごとのため、台数としては比較的少なくなっている。

　この大規模システムをさらに大きく、複雑化した3000台以上の超大規模システムはまだあまり日本にはない。数少ない事例としては、おもちゃ販売の「トイザらス」。各店舗にテレビデオを50台、それを全国124店舗に導入。ビクターシステムサービスが運用しているテレビデオの裏に、韓国製セットトップボックスが取り付けられており、店舗の天井に無線ルーターを設置している。

あとがき

本書の執筆に当たっては、デジタルサイネージコンソーシアムの会員をはじめ数多くの方々にご協力をいただいた。この1年で、サイネージは、プレーヤーの増加とともに、その関連ジャンルも広がっている。このため、インタビュー先も、メーカーや広告代理店などに加え、広告主、ロケーションオーナー、印刷、クリエイター、放送、教育機関、地方自治体などにわたることとなった。

本文に名前が登場するインタビュー対象者だけでなく、同席していただいた方や調整に当たっていただいた方などを含めると、優に50名を超える関係者とお話ししたことになる。特に2章1節の「ビジネスとサービスの構造」の執筆にあたっては、パナソニック株式会社の窪田賢雄氏に的確な示唆を頂いた。調査やインタビューは２００９年12月にまとめて行った。年末の繁忙期に時間を割いてご対応いただいた皆様に改めて御礼申し上げたい。

バラ色の未来だけでなく、厳しい経済状況や難しいビジネス実態などもそのまま反映することとなったが、それがサイネージの発展にとっても不可欠の良薬となるはずだ。同時に、次のステップとして、業界が連携して、日本発で国際競争力のある総合的な産業を形成していきたいという期待や意気込みも多く聞くことができ、日本型サイネージの可能性を強く感じさせる取材でもあった。

筆者らの所属する慶應義塾大学メディアデザイン研究科（KMD）「デジタルサイネージプロジェクト」所属の修士課程の学生諸君にもチームを組んで協力してもらった。小田勝久さん、原田浩之さん、近藤千紘さん、鎌田慎也さん、ハン・ソクジュさん、マ・カニさん、どうもありがとう。

本書はアスキー書籍編集部吉田孝之さんのご尽力で実現した。謝意を表し、筆を置く。

2010年1月15日　中村伊知哉・石戸奈々子

●本書の読者アンケート、各種ご案内、
お問い合わせ方法は下記よりご覧ください。
小社ホームページ **http://asciimw.jp/**
※ただし、本書の記述を超えるご質問（ソフトウェアの使い方など）
にはお答えできません。

日本を動かす次世代メディア
デジタルサイネージ戦略
電子看板最前線

2010年4月26日　初版発行

著　者　中村伊知哉・石戸奈々子
発行者　高野 潔
発行所　株式会社アスキー・メディアワークス
〒160-8326　東京都新宿区西新宿 4-34-7
編集 0570-003030
発売元　株式会社角川グループパブリッシング
〒102-8177　東京都千代田区富士見 2-13-3
営業 03-3238-8605（ダイヤルイン）
印刷・製本　株式会社リーブルテック

©2010 Ichiya Nakamura , Nanako Ishido
Printed in Japan

本書は、法令に定めのある場合を除き、複製・複写することはできません。
落丁・乱丁本はお取り替えいたします。購入された書店名を明記して、株式会社アスキー・メディアワークス生産管理部あてにお送りください。送料小社負担にてお取り替えいたします。但し、古書店で本書を購入されている場合はお取り替えできません。定価はカバーに表示してあります。

ISBN978-4-04-868479-8　C2034

カバーデザイン　宮下裕一
DTP・イラスト制作　株式会社プロワン
カバー写真　篠原孝志（株式会社パシャ）
校正　有限会社メイ
編集協力　村田有紀
編集　吉田孝之（アスキー書籍編集部）